U0062405

2019年主题出版重点出版物

# 细节的力量

## 新中国的伟大实践

李颖 著

上海人民出版社　学林出版社

# 细节的力量

新中国的伟大实践

# 开国大典

——

关于新中国国名的讨论。

"中华人民共和国"能不能简称"中华民国"呢？

最初选择开国大典场地时，曾考虑到天安门广场和西苑机场两处。

整修天安门广场。

原来，中央要求旗杆要与天安门城楼顶等高。

直到 10 月 1 日天蒙蒙亮，周恩来还亲自登上天安门城楼作最后的检查。

毛泽东庄严宣告："中华人民共和国中央人民政府今天成立了！"

1949 年 10 月 1 日 15 时，30 万军民在天安门前隆重举行开国大典。伴随着代国歌《义勇军进行曲》激昂奋进的旋律，毛泽东亲手按动电钮，升起中华人民共和国的第一面五星红旗。接着，毛泽东以他那浓重的湖南口音向全世界庄严宣告："中华人民共和国中央人民政府今天成立了！"这声音传遍天涯海角，震撼神州大地。从此，一个崭新的时代开始了。

## 关于新中国国名的讨论

为了向全世界郑重宣告中华人民共和国中央人民政府成立，庆祝这个劳动人民当家作主的新政权的诞生，中共中央拟于 1949 年 10 月 1 日，在首都北京隆重举行开国大典。

◯◠ 北京天安门广场，开国大典。

中共中央对开国大典的筹备工作十分重视。1949 年 7 月 1 日纪念党的第二十八个生日后，就成立了开国大典筹备委员会，周恩来任主任，彭真、林伯渠、聂荣臻、李维汉任副主任。经过充分讨论研究，拟定开国大典由三大议程组成：（1）中华人民共和国中央人民政府成立典礼；（2）中国人民解放军阅兵式；（3）人民群众游行。

9 月 21 日至 30 日，中国人民政治协商会议第一届全体会议在北平召开。会议的全过程自始至终充满了极其民主而和谐的气氛。从《共同纲领》、政府组成，到国名、国旗、国歌、国徽，无不是经过反复的讨论，按会议程序表决通过的。

新政协筹备会组织条例中原本提出的是建立"中华人民民主共和国"，直到最后一天的讨论，清华大学的政治学教授张奚若提出质疑。他和几位老先生都觉得这名字太长，不如就叫"中华人民共和国"。有了"人民"，就可以不要"民主"二字，焉有人民而不民主？何况，"民主"一词democracy 来自希腊文，原义与"人民"相同。于是，经过讨论和表决，终于采纳了这个提议，确定新中国的国名叫"中华人民共和国"。

"中华人民共和国"能不能简称"中华民国"呢？这个问题的提出，是因为新政协筹备会第三小组在起草《共同纲领》时，使用了"中华人民共和国（简称中华民国）"的表述方式。周恩来对此作过解释，说主要是考虑到"中华民国"已经叫了 38 年，一下子取消，怕有人不能接受。对"中华民国"这一简称的使用，大家有不同看法。考虑到这个问题的敏感性，周恩来和林伯渠极为慎重，联名设午宴邀请 30 位辛亥革命时期的前辈征求意见。这些都是追随过孙中山先生的老人。反复交换意见以后，大家终于取得了一致的看法：中华人民共和国的诞生标志着新民主主义革命的胜利，而中华民国只能代表旧民主主义，二者不能混淆，因此不能用其作简称。

这样，在政协第一届全体会议通过的所有大会文件中，统统去掉了"（简称中华民国）"几个字。

## 广场旗杆修建一波三折

在开国大典筹委会确定的三项议程中，无论哪一项，首要的问题都是选定场地。最初选择场地时，曾考虑到天安门广场和西苑机场两处。经过周密对比研究，最后选定了天安门广场。

天安门广场原本是皇家专用的一块禁地，是不许老百姓通过的。开国大典前的天安门广场，就是中华北门及其东西两道南北走向的红墙之间，直到金水桥前凹形的空场，其南北长百余米，东西宽七八十米，远没有现在这么宽大。

8月9日至14日，北平市举行第一届市民代表会议，会上作出整修天安门广场的决议。遵照这个决议，北平市政府责成有关部门制定了天安门广场整修任务，主要包括以下四项：一是，整修广场场地供群众集会用；二是，修补东西长安街道路供游行的群众队伍和阅兵式军队通过用；三是，粉刷天安门城楼；四是，在天安门广场最合适的位置设计并修建与天安门城楼顶一样高的旗杆，供大典时升国旗用。四项任务中的第四项为重中之重。全部整修工程必须在9月完成。

整修天安门广场场地，主要是靠北平市各界群众义务劳动实现的。共青团北平市委筹委会和北平市学联，要求各校在9月10日星期六下午组织4300名学生到天安门广场义务劳动。消息在报上和各学校一公布，两天时间内，就有18000人报名。各校只好采取抽签办法决定谁能参加。9月10日15点，劳动开始。在广大学生的影响下，北平市各界群众纷纷来到广场，参加义务劳动，广场很快就旧貌换新颜了。

中华人民共和国开国纪念邮票

修建旗杆是整修广场工程四项任务中的重点，完全由专业人员承担。市建设局相关技术人员主持这项工程。当时提出要求：国旗自动升降，升旗时间要同国歌演奏时间相协调，国歌奏完，旗升到顶，并自动停止。原来，设想旗杆要与天安门城楼顶等高，限于当时的技术条件和时间紧迫，只能根据实际情况作些变更。

技术人员到自来水公司选了四根直径不同的自来水用钢管，套起来焊接到一起，只能做到 22.5 米高，报经上级批准后，按这个修建。施工人员日夜加班，靠搭脚手架，把 22.5 米高的旗杆树起来，在底座上固定牢，同时安好了自动升降装置。在装上旗杆前，对这套装置进行了仔细认真的调试，基本做到了正常运行，时间上也符合要求。

为了能在天安门城楼上操纵升旗开关，他们又在修补天安门前东西长安街道路时，预埋了一根横穿马路的钢管，导线通过钢管横穿马路，沿金水桥越过金水河，从城楼东南角引到城楼中央，在那里接上一个开关按钮。经过多次试验，确认自动装置运行正常了，施工人员才拆除了旗杆四周的脚手架。

9 月 30 日，在正式启用前，技术人员作最后一次试验。没想到的是，旗子升到顶了，马达还在转动，结果旗子绞到杆顶的滑轮里撕破了，卡在里面退不下来。这时，脚手架已经拆除，无法修理了。

这下，可急坏了大家，马上向建设局领导报告。很快，调来了组建不久的消防队。可消防队架起的云梯比旗杆顶还低好几米，根本够不着。这时，有人急中生智，提议找来两位善攀高、颇有些名气的搭彩棚的高手。他们到现场一看，二话没说，冒着危险从云梯爬过去，再攀到杆顶，把旗子从滑轮里取了下来。

技术人员又连夜进行多次试验，直到 10 月 1 日凌晨，终于有把握保证升降装置正常运行了。但是，他们还是怕"万一"再有意外。经报请大典指挥部批准，又准备了一套保障措施，即：开会时，让一个人守在旗杆下，万一再发生旗子升到顶自动装置不停的情况，便立即手动切断电源使升降装置停下来；另一个人守在天安门城楼安装开关电钮的三脚架边上，以便从技术上保障升旗顺利完成。

## 开国大典隆重举行

10月1日在天安门广场举行的开国大典，标志着伟大的中国革命的胜利，新的人民共和国的诞生，为举世所瞩目是理所当然的。

为了这一盛典，各项准备工作早在几个月前就已经开始了。训练参加阅兵仪式的各兵种部队，准备好要放的礼炮、礼花，城楼和广场的会场布置，保证第一面五星红旗的顺利升起，以及组织30万群众有条不紊地参加庆祝，所有这些都自上而下层层有专人负责，而且不断检查。直到10月1日天蒙蒙亮时，周恩来还亲自登上天安门城楼作最后的检查，然后又来到广场审视了整个布局。

这一天，天安门城楼上悬挂着八盏宫灯，八面巨大的红旗迎风飘扬，使古老的城楼焕发出媚人的青春。当时还没有电梯，登上城楼，得一步一步迈上那古老的台阶。每一个登上城楼的人，都是那么意气风发，心花怒放。

15时，"中华人民共和国中央人民政府成立庆祝大会"正式开始。广场上军乐队奏起了国歌，《义勇军进行曲》响彻云霄。毛泽东按动电钮，升起了第一面国旗——五星红旗。与此同时，鸣礼炮二十八响。接着，毛泽东庄严宣布中华人民共和国中央人民政府成立。

所有这一切，通过中央人民广播电台的现场直播传遍了神州大地。这还是新中国第一次进行这样的现场直播，担任播音的是当时最优秀的播音员齐越和丁一岚。如今，重放当年的录音，还能听到丁一岚那清脆悦耳的声音："国旗已经上升到旗杆的顶尖，开始在人民首都的晴空迎风招展。

她象征着中国的历史已经走入一个新的时代，我们的国旗——五星红旗将永远飘扬在人民祖国的大地上。"

接着举行阅兵式，朱德总司令检阅人民解放军陆海空三军的受阅部队。10月2日《人民日报》发表《记中央人民政府成立盛典》一文，文中写道：

密林般飘扬在高空的红旗，无数红色的五星灯、圆灯、各种兵器与镰刀斧头，都在"中华人民共和国万岁"、"中央人民政府万岁"、"毛主席万岁"的巨幅标语下标志出人们一致的强烈愿望：要巩固自己的祖国与人民政府。所以，在朱总司令检阅人民的海陆空军部队与这些部队在会场中心举行分列时，群众中涌起了同样狂热的欢呼。整整两个半钟头的检阅，许多人连坐也没坐一下。电影机、照相机、望远镜和几十万双眼睛，一直集中凝结在受检阅的部队身上，生怕看不清或漏过任何一个可以看得到的武器与战士。

人民的武装部队两个半小时的检阅，给予人民的是更加坚固的胜利信心。我国年轻的海军部队与空军部队，第一次公开地列队出现在人民领袖和广大人民的面前了。海军陆战队整齐的步伐、焕发的精神，使人坚信他们既然从无变成有，必将从小变成大。随着我们伟大祖国的繁荣鼎盛，我们会建设起一支强大的海军。空军成列成队地飞过会场的上空，人丛中帽子飞舞起来，手巾挥舞起来，手里拿着的报纸和其他物件都飞舞起来。人们随着军乐队奏出的《解放军进行曲》的响亮节奏拍着手，合着拍子，发出这样那样的声音，几十万的脉搏同速地跳动。

步兵部队、炮兵部队、战车部队与骑兵部队以等距离、等速度整连整团整师地稳步行进，是检阅中历时最长的一段，一直顶到太阳西下。但是，人们不厌其多，不厌其久；人们互相询问着："这是什么炮呀？""这是什么人呀！"每个人都把别人当成全知者，想更多地得到对自己部队的知识。指挥台上久经战阵的军官们向身旁的非部队人员不断地解答着："头两辆并排的小吉普车是指挥员和政委，后两辆是参谋长和政治主任，后面一辆是旗兵，这队野炮是日式九零野炮，能打三十华里，这是美国的十五生的大榴弹炮，这是中型坦克，这是装甲车营……"所有摩托车与战车、炮车……都是油漆了的，装了红星与八一字样，轮子一圈白，颜色壮美而一致。这是人民的战士们加意装饰了的。

往西长安街看，不知部队已走出多少里；往东长安街看，不知还有多少里长的部队准备走进会场来，人们越看越振奋，觉得自己祖国的武装力量已是如此地强大。骑兵部队的许多连队最后以极整齐的五马并跑经过主席台前时，激起多次的热烈鼓掌。不仅跑的齐，而且马的颜色也是以各个连队为单位，要白全白，要红全红。最后一队骑兵跑过去的时候，天安门紫壁上的太阳灯、各色灯光在黄昏里开始发亮，人丛里的灯笼火把都点着了火，全场一片火光红浪；爆花筒向高空成群成群地放出红色、绿色、雪白色火球，拉着无数美艳的火丝，回头下降，劈劈啪啪响成一片。东西长安街上夹道的人群，开始围观提灯游行的漫长行列，交互地喊起"中华人民共和国万岁"、"中央人民政府万岁"、"毛主席万岁"的欢声。

历史，从此掀开了新的一页。

# 毛泽东访苏

———

毛泽东不顾新政府面临的千头万绪，又急切地提出了访苏的要求。

斯大林：你这次远道而来，不能空手回去。

毛泽东：搞个什么东西，这个东西应该是既好看，又好吃。

毛泽东说要提前回国。

签订《中苏友好同盟互助条约》。

1949年6月30日，在中国共产党成立二十八周年的前夕，毛泽东在《论人民民主专政》一文中，提出了"一边倒"的外交方针，旗帜鲜明地向全世界宣布：中华人民共和国将坚定不移地站在以苏联为首的社会主义阵营一边。

## 宿愿得偿

毛泽东非常重视同苏联的关系，早在新中国的桅杆刚刚冒出地平线时，他就多次提出过访问苏联的要求。但由于种种原因，始终没有成行。新中国刚一宣告成立，毛泽东不顾新政府面临的千头万绪，又急切地提出了访苏的要求。

1949年11月5日，毛泽东要求斯大林的联络员柯瓦廖夫向斯大林转达他想去莫斯科的愿望。他说，他希望12月就去莫斯科拜访斯大林，因为那时恰逢斯大林七十岁大寿，苏联友好国家的代表团将从世界各地前往莫斯科，这样，"访问莫斯科将更具有公开的性质"。

为正式表达他的愿望，三天后，毛泽东向莫斯科发出正式电报，表示希望访问苏联。毛泽东仍不放心，考虑到以往的几次访苏要求都被斯大林以各种借口婉拒，他这一次下定决心要达到目的。因此，毛泽东又通过多种方式向斯大林表明他的强烈意愿。

9日，毛泽东以中共中央的名义专门致电新任驻苏大使王稼祥，说明已请柯瓦廖夫通知斯大林，请他立即询问苏联方面，斯大林准备何时邀请毛泽东去莫斯科。10日，毛泽东又委托周恩来去会见苏联大使罗申，再请罗申将毛泽东的愿望转达给莫斯科。

经过这一连串的催促之后，苏联方面终于作出了正式答复，同意毛泽东以新中国政府最高领导人的身份，于斯大林七十岁诞辰庆祝活动举行之前，前往莫斯科开始他的正式访问。

## 初次会晤斯大林

1949年12月16日中午12时整，毛泽东乘坐的专列徐徐开进莫斯科的雅罗斯拉夫车站。

苏联部长会议副主席莫洛托夫、苏军元帅布尔加宁等人在车站迎接毛泽东。他们知道毛泽东在路上感冒，身体不适，解释说，本来在车站上安排了隆重的欢迎仪式，因天冷，一切从简，只有一个仪仗队举行迎接礼，只须绕行一趟，也无须答礼。如愿发表谈话，可把发言稿交报社发表。总之，所有档案材料都表明，毛泽东并未受到他所期望的那种热烈的拥抱和欢迎。

欢迎仪式结束后，毛泽东前往斯大林的第二别墅下榻。这是斯大林在卫国战争期间的住所，有一个很大的地下指挥部。

当天 18 时，斯大林在他的克里姆林官办公室的小会客厅会见毛泽东。18 时整，厅门打开了。斯大林和苏共全体政治局委员及维辛斯基外长站成一排，迎接毛泽东。这是破例的一次，斯大林一般不到门口迎接外宾。斯大林紧紧地握着毛泽东的手，端详了一阵说："你很年轻，红光满面，容光焕发，很了不起！"他回过头来，又把自己的同僚一一介绍给毛泽东。大家围站在大厅里，相互问好，互表祝愿。

斯大林对毛泽东赞不绝口："伟大，真伟大！你对中国人民的贡献很大，是中国人民的好儿子！我们祝愿你健康！"又说："你们取得了伟大的胜利，祝贺你们前进！"

这时气氛十分热烈、动人。毛泽东回答说："我是长期受打击排挤的人，有话无处说……"不等毛泽东讲完，斯大林立即插话："胜利者是不审的，不能谴责胜利者，这是一般的公理。"

大家边谈边徐徐入座。苏方官员列坐在斯大林的右侧，毛泽东及翻译师哲坐在左侧。双方的谈话海阔天空，从前线的军事情况谈到经济建设、粮食收成、土地改革以及群众工作等。谈话从一开始就使人感到，斯大林在揣摩毛泽东此行的意图和愿望。谈话历时两个多小时，苏方只有斯大林一人说话，其他人都未插话。

斯大林问毛泽东："你来一趟是不容易的，那么我们这次应该做些什么？你有些什么想法或愿望？"毛泽东表示：这次来，一是为祝贺斯大林七十寿辰；二是看一看苏联，从南到北，从东到西都想看一看。斯大林说："你这次远道而来，不能空手回去，咱们要不要搞个什么东西？"毛泽东回答："恐怕是要经过双方协商搞个什么东西，这个东西应该是既好看，又好吃。"这句现在经常引用的话当时颇令苏联人困惑不解，中方翻译师哲试图但并没完全翻译清楚这句话。

毛泽东这里所谈到的"这个东西"，其实指的就是两国之间应该签订一个新的条约。这件事情在新中国成立前刘少奇秘密访苏期间已经作为一个重要问题与斯大林初步商谈过了。毛泽东急于到苏联的目的，也正是为了"这个东西"。毕竟新中国的建立需要有一个完全不同于旧中国的新面貌，而以一种显示共产党国家之间平等关系的新条约来代替国民政府同苏联订立的旧条约，也是向国人和世界证明毛泽东选择"一边倒"的必要性的最有力的证据。而斯大林没有理解东方人的幽默，还是猜不透毛泽东此次访问究竟要达到什么目的，仍婉转地继续询问。毛泽东不肯明说，可能是他认为苏方应该主动提出帮助我们，不主动提是不诚恳的。他对斯大林说："我想叫周恩来总理来一趟。"斯大林表示惊讶，反问道："如果我们不能确定要完成什么事情，为什么还叫他来，他来干什么？"显然，斯大林在追根寻底，但毛泽东没有回答。

总之，在第一次会见中，斯大林和毛泽东都没有猜透对方的心理和意图。这是双方首次会谈遇到的难题。

## 莫斯科冬日的寒意

第一次会谈之后，毛泽东感到有点奇怪，他不曾再见到斯大林或其他政治局成员再来进行任何实质性讨论，这种情况一直持续到1950年1月。在这段时间，毛泽东可能仅在一个更大的场合与斯大林见了面，那是12月21日，这一天中国代表团和其他国际共产主义运动的代表团一起参加了斯大林七十大寿的庆典。

从此时到年交之际的那段时间，斯大林给毛泽东打了两三次电话，但电话的内容非常普通，并没有打算打破当时的停滞。这些电话的调子与斯大林和毛泽东初次见面的调子基本一致，暗示在12月斯大林仍不愿推动正式条约的谈判。

毛泽东曾在 1956 年与苏联大使尤金会谈时对此进行了回忆：

> 在和斯大林的第一次非常会见中，我建议最后搞个国与国之间的条约，但是斯大林没有回答。在我们第二次会见中，我又重谈这个问题，给斯大林看了中共中央建议签订同样条约的电报。我建议周恩来可以来莫斯科，因为他是外交部长。但是，斯大林反对这项建议，说这很不便利。因为资产阶级的报刊会大叫整个中国政府都在莫斯科。接下来，斯大林避免与我见面。我试图给他的公寓打电话，但他们总是回答斯大林不在，并提议我与米高扬见面。

就在 12 月 21 日寿辰庆典之前，毛泽东对苏方的这种慢节奏开始表示愤怒了，并开始把他想与斯大林进行实质性讨论的想法公之于众。毛泽东在住处接待了柯瓦廖夫和使馆参赞、中文翻译费德林，并请柯瓦廖夫安排在 12 月 23 日或 24 日与斯大林见面，同时提供了两种可供选择的行动方案：要么正式解决一揽子问题，其中中苏条约是关键；要么发表共同声明，以体现双方的某种理解。

以后，毛泽东曾回忆起 12 月在莫斯科的事情。他说，在他滞留莫斯科期间，他感觉到了不快，结果他下定决心待在别墅里一动也不动。和柯瓦廖夫、费德林的谈话气氛是不佳的，他有意这么做，因为他想通过这两个人把他不满的信息传给斯大林。此时，这两个人其实是担任了翻译、陪客和毛泽东与斯大林之间的"信使"。有一次和柯瓦廖夫交谈时，毛泽东怒气冲冲，要求知道请他来莫斯科的原因。"你们把我叫到莫斯科来，什么事也不办，我是干什么来的？难道我来这里就是为天天吃饭、拉屎、睡觉吗？"

后来凑巧发生了一件没有预料到的事：英国通讯社造谣说，斯大林把毛泽东软禁起来了。毛泽东访问苏联，这是新中国成立后中国共产党和国家最高领导人同苏联党和政府最高领导人的第一次直接会晤，理所当然要引起国际舆论的高度重视。但十几天来，竟没有消息报道会晤有什么实质性的进展。这当然要引起种种猜测。中国代表团为此很着急。此时，足智多谋的王稼祥提出以毛泽东主席答塔斯社记者问的形式，在报上公布毛泽东到苏联的目的。1951年1月2日，这个《答记者问》见报。

在《答记者问》中，毛泽东说："我逗留苏联时间的长短，部分地决定于解决有关中华人民共和国利益的各项问题所需要的时间。""在这些问题当中，首先是现有的中苏友好同盟条约问题，苏联对中华人民共和国贷款问题，贵我两国贸易和贸易协定问题以及其他问题。"并说："我还打算访问苏联的几个地方和城市，以便更加了解苏维埃国家的经济和文化建设。"《答记者问》发表后，震动很大，谣言不攻自破。

不管怎么说，新的一年开始之际，斯大林对待毛泽东有了根本转变。尽管不十分清楚其中的原因，但仍有一定的线索可查。一方面，国际形势的发展逐渐加强中国的地位。那时，印度、缅甸和英国已准备承认中国的新政权，并且，1月1日毛泽东在对苏联大使罗申谈话时机智地提到了这些事。此外，在和柯瓦廖夫、费德林相处时，毛泽东一直说他要提前回国；在年交之际会见罗申时，他曾传达了这种想法，表明了他对目前状况一直不满。有鉴于早时他预期离开北京三个月，毛泽东告诉大使，他现在打算仅待两个月，希望在2月6日返回北京——事实上考虑到路途时间，访问要少于两个月，而现在只剩下四个星期了。

此时斯大林已不再坚持原有的想法，同意周恩来访苏了。

## 《中苏友好同盟互助条约》签订

1月2日20点，莫洛托夫和米高扬专门来到毛泽东下榻的别墅。自

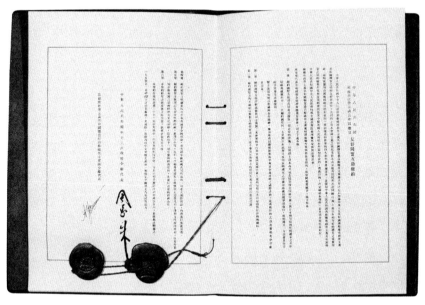

《中苏友好同盟互助条约》中文文本

从与斯大林初次会见以来，毛泽东第一次与苏联领导人进行庄重的、实质性的讨论。

在交谈的过程中，毛泽东又一次提出了中苏此次谈判的三种选择：（1）签订新的中苏条约；（2）由两国通讯社发表一个简单公报，说明两国对旧的中苏友好同盟条约交换了意见，而实际上把这个问题拖下来；（3）签订一个声明，内容是讲两国关系的要点。如果按二、三两个方案做，周恩来可以不来。莫洛托夫马上说："第一项办法好，周恩来可以来。"毛泽东追问："是否以新条约代替旧条约？"莫洛托夫明确回答："是的。"

毛泽东当即说出了他的安排："我的电报1月3日到北京，恩来准备5天，1月9日从北京动身，坐火车11天，1月19日到莫斯科，1月20日至月底约10天时间谈判及签订各项条约，2月初我和周一道回国。"

1月20日，周恩来抵达莫斯科。两天后斯大林与毛泽东的第三次会谈，双方的配合很默契。这一点可以从会谈记录的一个片段中清楚地看出来。

　　毛泽东：根据目前形势，我们认为，我们应当借助条约和协定把现存于我们之间的友好关系固定下来。这无论在中国还是在国际关系方面都会引起积极反应。在友好同盟条约中应当把保障我们两国繁荣的内容固定下来，还应规定必须防止日本重新侵略。既然希望两国繁荣，那么就不能排除帝国主义国家企图阻挠这件事。

　　斯大林：对的。日本保留了干部，特别是在美国继续奉行他们目前政策的条件下，日本必然会重新抬头。

　　毛泽东：我说的两点要把我们未来的条约同现条约从根本上区别开来。过去，国民党只是口头上谈友谊。现在，情况变了，也具备了真正友谊与合作的一切条件。此外，如果过去说的是在进行对日战争时的合作的话，现在说的应是防止日本侵略。新条约应当包括政治、经济、文化和军事合作的各项问题，最重要的问题是经济合作。

　　斯大林：要不要保留写入原友好条约的第三条规定呢？即"在两个缔约大国要求联合

1950年2月，苏联斯维尔德洛夫斯克乌拉尔机械厂全体职工赠给毛泽东主席的礼品——青铜驯马雕塑。

国承担防止日本今后侵略的责任以前，本条款继续有效"。

　　毛泽东：我想，这一条就不必保留了。

　　斯大林：我也认为不必了。在新条约中应规定哪些条款呢？

　　毛泽东：我们认为，在新条约中必须规定在国际问题上协商的条文。把这一条列入条约将增强我们的地位，因为在中国，民族资产阶级中还存在着在国际关系上反对向苏联靠拢的意见。

　　斯大林：好的。在缔结友好合作条约时写上这一条是理所当然的。

　　1950 年 2 月 14 日，中苏两国政府正式签订了《中苏友好同盟互助条约》《关于中国长春铁路、旅顺口及大连的协定》，以及《关于苏联贷款给中华人民共和国的协定》等文件。

　　在签字仪式上，毛泽东与斯大林站在最中间。斯大林的身材比毛泽东略低，在记者给他们拍照时，斯大林总要往前挪上一两步，这样，在照片和影片上，他就不会显得比毛泽东矮，或许还要高些。各种镜头对着他们，摄影灯在不断地调整，场面相当热烈。

# 第一个五年计划的"156 项"

中苏开始蜜月时期。

苏联老大哥的一份"大礼"。

陈云：第一个五年计划的"156 项"，那确实是援助。

为庆祝《中苏友好同盟互助条约》的签订，1950 年 2 月 15 日，刘少奇在北京邀集中央人民政府及其所属各部负责人、各外交使节、各民主党派和人民团体的负责人，举行盛大的庆祝宴会，并发表演讲，指出："中苏两大国人民之间的深厚友谊，是久已存在的，然而，只有到了今天，由于中国人民的历史性的胜利，这种深厚的真诚的友谊，才用条约的形式把它确定与固定起来，因而就使中苏两国人民之间的友好关系，开始了一个完全新的时代。"

## 大规模援建项目协定的签订

可以说，毛泽东访苏，标志着中苏两国开始了蜜月时期，"学习苏联"成为最火爆的标语、口号。在此时期，苏联老大哥给予中国人民的一份"大礼"就是著名的"156 项"。它是同中国国民经济建设的第一个五年计划分不开的。

要在经济极端落后的基础上尽快地把中国建设成为一个社会主义的工业化强国，首先必须充分利用本国的财力、物力、人力，调动一切积极因素，艰苦奋斗。同时，还要根据需要与可能争取外援。而当时的客观条件决定了这种外援只能来自苏联等人民民主国家。

从1950年开始，中国同苏联签订了第一批委托苏联设计和成套供应设备的苏联援助中国建设的中苏协议书。根据国民经济恢复和建设的需要，第一批苏联供应成套设备的建设项目，主要是煤炭、电力等能源工业，钢铁、有色金属、化工等基础工业和国防工业的项目，共50项。抗美援朝战争爆发后，为了巩固国防，取得战争的胜利，1953年5月，我国以国防军事工业及其有关的配套项目为重点，与苏联签订了第二批苏联供应成套设备建设项目中苏协议书，共91个项目，即2个钢铁联合厂，16个动力机器及电力机器制造厂，8个有色冶金企业，8个矿井，1个煤炭联合厂，3个洗煤厂，1个石油炼油厂，32个机器制造厂，7个化学厂，10个火力电站，2个生产磺胺、盘尼西林和链霉素的医药工业企业和1个食品工业企业。1954年10月，我国又与苏联签订了第三批苏联供应成套设备建设项目中苏协议书，引进能源工业和原材料工业等项目共15项，并决定扩大原订141项成套设备项目的供应范围。至此，与苏联签订的援建项目共计达到156项，这就是以后通称的"156项"。

1955年3月，我国又与苏联签订了新的中苏协定，协定包括军事工程、造船工业和原材料工业等建设项目，共16项；随后，通过口头协议，又增加2个项目。由于对项目进行增减和拆并等调整，到"一五"计划末期，苏联援建项目共计为166项，但习惯上仍称为"156项"，这当中实际进行施工的为150项。

与此同时，中国和东欧各国也先后签订协定，引进成套设备建设项目。这些项目合计也有100多项。

## 工业技术基础的初步奠定

苏联和东欧各国帮助建设的项目，规模都是比较大的。我国从苏联和东欧各国引进的成套设备项目，几乎都是为建立中国工业化基础所必需的重工业项目。这些项目形成了中国 20 世纪 50 年代工业建设的核心。"一五"计划中就明确规定，五年计划的基本任务之一是"集中主要力量进行以苏联帮助我国设计的 156 个建设单位为中心的，由限额以上的 694 个建设单位组成的工业建设，建立我国的社会主义工业化的初步基础"。

"156 项"的主要项目有：鞍山、武汉、包头三大钢铁联合企业，长春第一汽车厂，武汉重型机床厂，哈尔滨汽轮机厂，兰州炼油化工设备厂，洛阳第一拖拉机制造厂等。此外，规模比较大的外援项目还有：德意志民主共和国帮助建设的西安仪表厂，郑州砂轮厂；捷克斯洛伐克帮助建设的辽宁电站，影片洗印厂；波兰帮助建设的新中国糖厂和佳木斯糖厂等。

引进的这些成套设备都是当时比较先进的。例如，苏联在帮助建设长春第一汽车厂的过程中，曾动员了好几个设计部门专家，综合了苏联国内各厂的建设经验，并结合中国的具体情况，设计出了最新的汽车制造厂。该厂的许多设备，当时在苏联也是最先进的。陈云曾经这样说过："苏联是社会主义国家，那时他们对我们的援助是真心诚意的。比方说，苏联造了两台机器，他们一台，我们一台。"能做到这样，确实是尽到了他们的国际主义义务。

苏联和东欧各国帮助中国建设的工业项目，不仅提供了企业所需的机器设备，而且从勘察地质、选择厂址、收集设计资料、进行设计、指导建筑、安装和开工运转、供应新产品的技术资料，一直到新产品制造完成，都给予了全面的、系统的帮助。苏联和东欧各国都派遣了优秀的技术专家，来中国实地收集设计基础资料，并且具体指导建筑安装，同时还接受中国实习生前往学习先进技术和现代化企业的管理经验。在此期间，苏联和东欧各国到中国工作的技术专家达8000多人，为中国培养的技术人员和管理干部达7000人。而在建设过程中，凡是中国能够生产的设备，能够进行的设计，都主动提出由中国自行解决，以促进中国设计能力的提高和生产进一步发展。

我国"一五"计划期间施工建设的700多个大中型工业项目中，从苏联引进的占147个，加上与之配套建设的国内设计的140多个项目，五年内实际完成投资占全部工业基本建设投资的50%左右。同期，东欧各国帮助中国建设的108个成套设备项目中，有64个开始动工兴建。

苏联专家在中国

到1957年止，苏联和东欧各国帮助中国建设的项目，全部和部分投产的分别为68个和27个。随着这些项目的建成投产，形成了中国第一批大型现代化企业，大大增强了中国重工业和国防军事工业的能力，填补了一批生产技术领域的空白，初步建立了独立自主、自力更生发展国民经济的工业技术基础，并且取得了建设大型现代化项目的初步经验。

## 其他方面的合作

苏联和东欧各国还通过与中国开展科学技术合作和给予中国优惠建设贷款的形式，帮助中国的社会主义建设。

在科学技术合作方面，1954年10月，中国同苏联签订了科学技术合作协定。以后，中国又同东欧各国分别签订了科学技术使用协定。到上世纪50年代末，中国从苏联和东欧各国获得了4000多项技术资料。这些先进的技术资料，对提高中国工业的技术水平和新产品的生产有着重大的意义。而且，在提供技术资料时，采取的是互相支援的优惠办法，不按专利对待，仅收取复制资料的成本费用。

中国1956年制定的发展科学技术的十二年远景规划，也得到了苏联的合作与帮助，议定了一批两国共同进行研究的和苏联帮助进行研究的重大科学技术项目。在掌握尖端科学技术、和平利用原子能方面，苏联也给予了一定的援助。

援助还表现在长期低息贷款方面。1950年2月，中国同苏联签订了第一个贷款协定，金额为12亿卢布（折合3亿美元），年利率1%，十年内偿还。随后，在1951年，又先后与苏联签订了10项贷款协定，年利率为2%，偿还期为二至十年。这样长期低息的贷款，在世界上是罕见的，对中国无疑是一种巨大的援助。

1981年3月，中共中央起草《关于建国以来党的若干历史问题的决议》时，陈云特意对文件的起草人之一邓力群说："第一个五年计划的156项，那确实是援助，表现了苏联工人阶级和苏联人民对我们的情谊。

这样一些问题,《决议》应该如实地按照事情本来面貌写上去。要通过这些历史问题的论断,再一次说明中国共产党人是公正的。"

当然,国与国之间的经济关系,应当是互利的。1953年5月15日中苏两国签订的协定中,就规定在1954年至1959年间,中方向苏方提供钨砂16万吨、铜11万吨、锑3万吨、橡胶9万吨等战略物资,作为苏联援建项目的部分补偿。

# 西藏和平解放

———

毛泽东曾提出以西北局为主经营西藏，后改为由西南局担任此项任务。

十八军担任进藏任务。

邓小平亲自起草西藏问题十项政策。

政治重于军事，补给重于战斗。

中华人民共和国成立时，地处祖国西南边陲的西藏仍未获得解放。中国共产党和中央人民政府考虑到西藏地区的具体情况，确定了和平解放西藏的方针。此后，成功的和平谈判，使雪域高原迎来了历史上的春天。

## 西藏纳入中国版图的历史

西藏是中国领土不可分割的一部分。早在 13 世纪 40 年代，从元代开始，西藏地区就正式成为中国的一个行政区域，成为中国版图的组成部分。这是历史发展的必然结果。从唐代以来，西藏地区和祖国内地的政治关系就日益密切，经济文化的交流越来越频繁，逐步建立起血肉相连的不可分割的联系。元代以后，尽管王朝更替，但无论是明代还是清代，及至中华民国时期，都对西藏行使着领土主权。在这期间，西藏地方政权也几经更替，但是西藏与中央政府的政治隶属关系从未间断。

正如周恩来指出的："西藏在古时候曾是一个独立王朝，但七百年来，已经成为中国大家庭的一员了。十三世纪，元朝蒙古族上层统治中国，西藏已经成为中国的一部分。西藏现在盛行的喇嘛教派（黄教），就是在蒙古族上层统治中国时成为主要的教派的，达赖成为西藏的统治者是十七世纪时清朝册封的。'达赖'这个词不是藏语，而是蒙古语，是大海的意思。七百年来，西藏属于中国领土的一部分，这是一个历史事实。"

19世纪末20世纪初，帝国主义划分势力范围，英帝国主义势力侵入西藏。近代一百多年来，帝国主义者千方百计企图损害中国在西藏地方的主权，制造所谓"西藏独立"的阴谋，遭到全国人民的反对。帝国主义者为达到其长期侵略的目的，在西藏上层培植了一些分裂势力，埋下了制造动乱、分裂的祸根。

根据协议的规定，人民解放军于1951年8—9月间分4路进藏，10月26日抵达拉萨，实现了西藏的和平解放。至此，中国大陆全部解放。

西藏解放前是一个政教合一的封建农奴制社会。约占西藏人口5%的农奴主阶级，即官家、贵族、寺院上层僧侣三大领主，占有西藏的全部土地、草场和绝大部分牲畜，而占西藏人口90%以上的农奴阶级，依附于三大领主，没有自己的土地，也没有人身自由。三大领主把农奴视为私有财产，当做会说话的牲口，可以随意买卖、抵押或作为礼品相互转让，就连婚姻生育也要受农奴主干预，稍不如意，立刻遭到严刑毒打。三大领主完全具有对农奴的生杀予夺大权。这种社会制度是西藏地区贫穷落后和遭受帝国主义侵略压迫的根源。

## 人民解放军进藏

根据国际国内的形势发展，毛泽东在前往莫斯科的途中，发出了"进军西藏宜早不宜迟"的号召。在此之前，毛泽东曾致电彭德怀，提出以西北局为主经营西藏。

彭德怀回信提出，从北路进藏困难很大，短期内难以克服。经过十分慎重的思考和权衡，1950年1月2日，毛泽东从莫斯科致电中央和彭德怀、邓小平、刘伯承、贺龙，确定进军西藏和经营西藏的任务由西南局担任。电报专门指出："西藏人口虽不多，但国际地位极重要。""由青海及新疆向西藏进军，既有很大困难，则向西藏进军及经营西藏的任务应确定由西南局担负。"

这样，一项光荣而艰巨的任务历史地落到了刘伯承司令员和邓小平政委率领的第二野战军的肩上，一场伟大的举世瞩目的进军西藏的壮举揭开了历史的序幕。

接到中央的电报之后，西南局、西南军区首先考虑的是确定进藏干部和部队。

十八军军长张国华被选定具体执行进军西藏的任务。这不仅因为年仅36岁的张国华是红军时期入伍的高级指挥员，勤奋好学，指挥作战有方，具有掌握政策好、善做政治工作等一些长处，更重要的是他具有开辟新区斗争的丰富经验。

1月8日，刘、邓首长从西南军区所在地重庆向党中央和毛泽东发去电报，表示坚决执行中央的指示，并报告由十八军担任进藏任务，同时提请"在康藏两侧之新、青两省及云南邻省各驻防兄弟部队，如可能时则予以协助"。1月10日，毛泽东复电同意，并指示："经营西藏应成立一个党的领导机关。""迅即确定，责成他们负责筹措一切。"

1月15日，刘、邓首长向张国华、谭冠三及十八军军、师领导传达中央及毛泽东关于进藏问题的指示，研究工作部署。1月18日，西南局即向中央报告了进藏工作计划及西藏工委组成名单。1月24日，中央赞同十八军为进军西藏的主力，以及刘、邓"由青海新疆及云南各出一支部队向西多路向心进兵"的提议，并批准了由张国华任书记，谭冠三为副书记，王其梅、昌炳桂、陈明义、刘振国、天宝（后又补充平措汪杰）为委员的中共西藏工委组成名单。

从此，十八军的数万官兵以及他们的后代永远与西藏这片古老神圣的土地紧紧联系在一起了。进军西藏、建设西藏这一光荣艰巨的重担落在了他们的肩上。

## 政治先行，和平为上

在当时西藏这块情况异常复杂，矛盾纵横交错，压迫剥削残酷，僧侣贵族统治黑暗，没有党的组织活动基础的少数民族地区，完成进军任务，进行革命和建设事业，是前无古人的，也没有什么现成的经验可以借鉴。邓小平作为西南局第一书记，作为中央解决西藏问题的直接执行者、第一线指挥员，始终站在历史的前台，按照毛泽东和党中央的指示精神，把解放西藏的筹码摆到和平的天平上。

　　1950 年 1 月，刘伯承和邓小平向十八军传达毛泽东关于进藏问题的指示时，就非常重视从政策上来解决问题。他们指示部队"成立政策研究室"，大力加强为西藏政策制定工作所需的调查研究，并进一步提出了"政治重于军事、补给重于战斗"的重要原则。还语重心长地告诫进藏部队：坚决执行党的方针、政策，对我们进军西藏、解放西藏是有决定意义的。政策就是生命。必须紧密联系群众，依靠群众，要用正确的政策去扫除中外反动派的妖言迷雾，去消除历史上造成的民族隔阂和成见，去把西藏的广大僧俗人民和爱国人士团结到反帝爱国的大旗下来。为了使进藏部队模范地执行党的政策，遵守纪律，尊重藏胞的风俗习惯，邓小平指示起草进军守则，并要求部队学习藏语。

　　2 月 25 日，刘少奇代表党中央电示西南局："我军进驻西藏的计划是坚定不移的，但可采用一切办法与达赖集团谈判，使达赖留在西藏与我和解。"这一电报具体提出了争取和平解放西藏的方针，并指示西南局、西北局认真研究西藏情况，物色适当人选去拉萨做争取工作，并拟定与西藏当局谈判的条件。

　　西南局坚决贯彻执行党中央关于和平解决西藏问题的方针，立即组织得力人员，全面贯彻落实，紧紧抓住和平这个根本问题。

　　5 月 11 日，西南局向中央报告了解放西藏的四条方针政策，作为与西藏地方当局谈判的基础，即：西藏驱逐英美帝国主义势力出西藏；西藏人民回到中华人民共和国祖国的大家庭来，实行西藏民族区域自治；西藏现行各种制度暂维原状，有关西藏改革问题将来根据西藏人民的意志协商解决；实行宗教自由，保护喇嘛寺庙，尊重西藏人民的宗教信仰和风俗习惯。与此同时，西北局也向中央转报了青海省委提出的六条方针政策。一周之后，中央复电西南、西北局，认为西南局所提的四条较好，但还应起草可以作为和平进军的谈判基础的若干条件。中央的批示，从原则上肯定了西南局关于贯彻和平解放西藏方针的政策和策略思想。

按照党中央的指示精神，邓小平亲自起草了解决西藏问题十项政策：

（一）西藏人民团结起来，驱逐英美帝国主义势力出西藏，西藏人民回到中华人民共和国祖国的大家庭中来。（二）实行西藏民族区域自治。（三）西藏现行各种政治制度维持原状概不变更。达赖活佛之地位及职权不予变更。各级官员照常供职。（四）实行宗教自由，保护喇嘛寺庙，尊重西藏人民的宗教信仰和风俗习惯。（五）维持西藏现行军事制度不予变更，西藏现有军队成为中华人民共和国国防武装之一部分。（六）发展西藏民族的语言文字和学校教育。（七）发展西藏的农牧、工商业，改善人民生活。（八）有关西藏的各项改革事宜，完全根据西藏人民的意志，由西藏人民及西藏领导人员采取协商方式解决。（九）对于过去亲英美和亲国民党的官员，只要他们脱离与英美帝国主义和国民党的关系，不进行破坏和反抗，一律继续任职，不咎既往。（十）中国人民解放军进入西藏，巩固国防。人民解放军遵守上列各项政策。人民解放军的经费完全由中央人民政府供给。人民解放军买卖公平。

邓小平主持起草的这份历史性的文件，由西南局报到中央后，立即受到了党中央、毛泽东的充分肯定和高度赞扬。这十条，既充分照顾到西藏各族各阶层人民的利益，又维护了祖国的统一和民族的大团结；既成为和平解放西藏、同西藏谈判的基础条件，又是我们进藏部队开展政治争取工作的基本依据和必须遵守的基本准则。后来中央人民政府同西藏地方政府签订的和平解放西藏办法十七条协议，就是以邓小平和西南局提出的十条为基础，在这大框架上发展起来的。

西南局的这个十条，后称十大政策，在藏区广泛、深入地宣传后，受到了藏区广大人民群众的普遍欢迎，包括一些上层人士，都认为十条充分地考虑到了西藏社会的现实，照顾到了各阶层的利益，非常符合西藏的实际情况。甚至有的藏族代表人士还觉得这十条太宽了些。对此，邓小平在 1950 年 7 月欢迎赴西南地区的中央民族访问团大会上，专门对西藏以及各少数民族的政策问题作了深刻的论述。

他说，我们对西藏的十条，"就是要宽一点，这是真的，不是假的，不是骗他们的，所以这个政策的影响很大，其力量不可低估"。"我们确定，在少数民族里面，正是由于过去与汉族的隔阂很深，情况复杂，所以不能由外面的力量去发动少数民族内部的所谓阶级斗争，不应由外部的力量去制造阶级斗争，不能由外力去搞什么改革。""改革是需要的，不搞改革少数民族的贫困就不能消灭，不消灭贫困，就不能消灭落后，但是这个改革必须等到少数民族内部的条件具备以后才能进行。"现在我们民族工作的中心任务是：搞好团结，消除隔阂，只要不出乱子，能够开始消除隔阂，搞好团结，就是工作做得好，就是成绩。他还提出不要把汉人区域的一套搬到少数民族区域里去，要诚心诚意为少数民族服务。后来在陈明义汇报修路情况时，他又指出："一切要从西藏的历史、社会情况和民族宗教的特点的实际出发，要调查研究清楚了才办事，搞不清楚的事暂时不办，比乱整好。"

根据中央关于物色适当人员赴拉萨做政治争取工作的指示，西北局先后派了两批人去拉萨劝和。一批被西藏地方当局限令离境，一批遭扣押。西南局接到中央的电报后，在物色赴藏劝和代表人选时，当时的西南军政委员会委员、西康省人民政府副主席、朱德总司令长征路过藏区时结识的好朋友、甘孜白利寺活佛格达，主动提出去拉萨劝和。邓小平感到格达活佛的爱国精神可嘉，但鉴于当时西藏地方政府态度顽固，缺乏和平诚意，拉萨形势比较复杂，因而数次急电劝告格达活佛暂不要前去拉萨，并将此意见报告朱德总司令。朱德也专门电告西南局，对格达活佛深明大义，以西藏民族的利益为重，舍身劝和的精神表示钦佩，但劝他暂不去拉萨。无奈格达活佛决心已定，他要在劝和成功后再进京拜见朱总司令等中央领导。西南局只得尊重他的意愿。邓小平专门修书，请格达活佛转送达赖喇嘛，表明党中央、毛泽东对和平解放西藏、统一祖国大陆的英明决策和一片诚意。十分遗憾的是，格达活佛壮志未酬，和平使命未竟，便在昌都惨遭暗害。

尽管党中央、毛泽东对西藏的和平解放倾注了大量的心血，制定了一系列的方针政策，西南、西北局都为此作出了积极的努力，我十八军全体指战员始终站在和平的大门前，等待西藏地方政府的醒悟。但是，在帝国主义和外国反动势力的怂恿支持之下，以达扎为首的噶厦当局利令智昏，错误估计形势，关闭了和平谈判的大门，妄图用战刀来阻挡和平之盾。他们调集一半以上的藏军，约九个代本（相当于团）和民兵 3000 余人，布防于昌都以东的金沙江一带和昌都附近地区，企图扼守天险，阻止我人民解放军和平进藏。在此情况下，一场以打促和的仗非打不可了。

1950 年 10 月 6 日，著名的昌都战役全面拉开序幕。我十八军五十二师全部，五十三师、五十四师、军直各一部，在青海骑兵支队、云南一二六团和一二五团的直接参加和新疆骑兵师先遣连的战略配合下，对昌都实施了大的迂回包围和正面攻击相结合的作战，一举解放昌都，争取了藏军第九代本起义，历时 20 天，共歼灭藏军 5700 余人，取得了昌都战役的全胜。

## 西藏实现和平解放

昌都战役为最终实现和平解放西藏创造了条件，奠定了和平谈判的基础。

昌都解放后，中央人民政府和人民解放军并不以胜利者自居，仍然坚

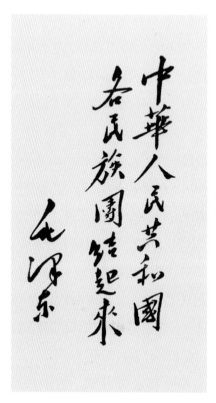

中华人民共和国

各民族团结起来

毛泽东

为贯彻民族平等团结政策，加强同各民族人民的联系，中央人民政府于1950-1952年先后派出4个访问团，分赴西北、西南、中南、东北和内蒙古等地区慰问各民族人民。图为毛泽东为中央民族访问团的题词。

持和平解放西藏的一贯方针。中央督促西藏当局，周恩来总理直接通过印度给西藏地方政府做工作，我进驻昌都的部队和工作人员大力开展统战、宣传工作，以实际行动影响群众，继续争取和谈。在我党我军影响下，阿沛·阿旺晋美和西藏地方政府在昌都的其他官员，两次上书达赖喇嘛，力主和平谈判。事实再一次说明，我们党和平解决西藏问题是真诚的。在政策的感召和从各方面进行大量工作的情况下，达赖喇嘛终于面对现实，抛弃了幻想，以西藏人民的利益为上，派出了以阿沛·阿旺晋美为首的西藏地方政府和谈代表团。

1951年4月16日，西藏和谈代表阿沛·阿旺晋美一行到达重庆后，受到各界代表和群众的热烈欢迎。

5月23日，中央人民政府和西藏地方政府的代表在北京签订了关于和平解放西藏办法的《十七条协议》，西藏实现和平解放。和平解放使西藏摆脱了帝国主义侵略势力的羁绊，打破了西藏社会长期封闭、停滞的局面，为西藏的民主改革和发展进步创造了条件。

# 抗美援朝

中国对朝鲜爆发的战争事先没有任何准备。

聂荣臻：当时党内意见倾向于"不到万不得已的时候，最好不打这一仗"。

这是毛泽东第四次，也是最后一次下定决心出兵朝鲜。

正当中国人民为争取财政经济状况的全面好转而斗争的时候，1950年6月，朝鲜战争爆发。美军不顾中国政府的多次警告，越过三八线，直逼中朝边境的鸭绿江和图们江。面对严重威胁，毛泽东、中共中央以巨大的胆识和气魄，作出重大决策——抗美援朝。

## 朝鲜战争爆发，美国全面介入

1945年8月，在第二次世界大战中结为反法西斯联盟的美国和苏联，在朝鲜问题上达成妥协，确定以"三八线"为界分别进入朝鲜接受日军投降，"三八线"以南为美军受降区，"三八线"以北为苏军受降区。

苏军和美军于1948年底和1949年6月先后撤出朝鲜后，朝鲜北南两个政权、两种制度在朝鲜统一问题上的斗争日趋尖锐，终于发展到了不可调和的地步。1950年6月25日，朝鲜内战爆发了。

朝鲜内战刚一爆发，美国当局便从其全球战略利益出发，立即进行了武装干涉。6月26日，美国即派出其驻日本的空军和海军部队，支援南朝鲜李承晚军队作战。同时，美派遣海军第七舰队侵入台湾海峡。这严重侵犯了中国的主权和领土完整。7月上旬，又派出其地面部队进入朝鲜。

与此同时，美国在联合国积极活动，为其武装干涉朝鲜寻求"合法"外衣，于7月7日操纵联合国通过决议，组成以美国为首的所谓"联合国军"（朝鲜战争期间，先后共有16个联合国成员国派出军队参加"联合国军"）。7月8日，美国任命其驻远东军总司令、五星上将道格拉斯·麦克阿瑟为"联合国军"总司令。7月中旬，南朝鲜李承晚集团也将南朝鲜军交"联合国军"司令部指挥。

中国人民在抗议和谴责美国侵略行径的同时，同爱好和平的世界各国人民一样，一再主张和平解决朝鲜问题。美国对此不予理睬，继续增兵朝鲜。至8月中旬，美国入朝的地面部队已达4个师和1个旅，共7万余人，由美第八集团军司令部指挥。但是，美国在战场上仍连遭失败。朝鲜人民军英勇作战，于7月20日攻占大田。至8月中旬，解放了"三八线"以南90%的地区，把美军和南朝鲜军压缩到洛东江以东仅1万平方公里的狭小地域内。

美国为了挽回在朝鲜的败局，又抽调两个师组成第十军，加上南朝鲜一些部队共7万余人，在260余艘军舰和500架飞机支援下，于9月15日，在朝鲜西海岸的仁川港实施大规模的登陆进攻，截断了朝鲜人民军的后路，在洛东江正面战线的美第八集团军和南朝鲜军于9月16日发起了反攻，致使前线的人民军部队腹背受敌，被迫实施战略撤退。朝鲜战局发生了逆转。

9月28日，美第十军攻占汉城；29日，美第八集团军进抵"三八线"。这时，美国当局已经作出决定，即美军越过"三八线"继续北进，吞并整个朝鲜，并进而威胁中国大陆。10月7日，美国和南朝鲜军队越过"三八线"大举北进。

## 中国被迫介入冲突

　　1949 年中华人民共和国成立后，中国政府面临着迅速医治战争创伤，恢复正常的生产和生活以及稳定全国政治局势的繁重任务。就全国范围内的工作来说，大规模战争已经不在中国领导人议事日程之中了。1950 年 6 月 6 日，毛泽东说："新的世界大战是能够制止的。国民党反动派散布的战争谣言是欺骗人民的，是没有根据的。"就在朝鲜战争爆发的前一天，《人民日报》刊登了毛泽东在全国政协第二次会议上的闭幕词，宣布"战争一关，已经基本过去了"。

　　公平地说，中国对朝鲜爆发的战争没有政治准备、军事准备和心理准备，在战争爆发前，中国确实无意对朝鲜冲突进行干涉和参与。

　　但是，1950 年 9 月 15 日美军在仁川登陆成功后，朝鲜局势急转直

　　1950 年 6 月 25 日，朝鲜内战爆发。27 日，美国宣布武装干涉朝鲜内战，同时派遣美国海军第七舰队开进台湾海峡，公然侵略中国领土。

下，出兵朝鲜问题也作为应急方案摆在中国领导人面前了。

9月17日，中央军委决定立即派遣一个五人先遣小组赴朝熟悉情况，勘察地形，做战场准备。这一建议本是东北边防军在此前提出的，但周恩来一直压下未批，这时才以增派武官的方式派出先遣小组，随中国驻朝鲜大使馆参赞柴成文赶赴平壤。路过沈阳时，高岗给柴成文看了一封毛泽东的来信，信上说，"看来不出兵是不行了，必须抓紧准备"。

由于战争局势恶化，金日成不得不向苏联求救，并且通过苏联请求中国派兵赴朝作战。9月27日，斯大林派往朝鲜的私人军事代表马特维耶夫给斯大林发了一份绝密电报，汇报了朝鲜的严重局势："人民军损失惨重"，"装备弹药严重供应不足，燃料缺乏，运输差不多已完全瘫痪。兵员与弹药补充的组织工作很差。部队指挥系统从上到下一团糟"。正是在这种情况下，金日成和朴宪永于9月29日联名给斯大林写信，恳求斯大林给予"特别援助"，即"直接得到苏联的军事援助"。金日成还要求斯大林："如果由于某种原因做不到这一点，那么请帮助我们建立一支由中国和其他民主国家组成的国际志愿部队。"

10月1日，斯大林给苏联驻朝鲜大使什特科夫和马特维耶夫回电，要他们立即去见金日成，转告他的意见：准备在"三八线"以北与敌人作长期斗争；迅速组建预备队，并在南方开展游击战；苏联将提供必要的物质援助。

至于金日成要求派军队援助的问题，斯大林推到了中国身上：关于"给予武装援助的问题，我们认为更可以接受的援助形式是组织人民志愿部队。关于这个问题，我们必须首先同中国同志商量"。在此之前，斯大林显然已经有所考虑。师哲在回忆录中提到，仁川登陆以后，斯大林曾来电询问中国在沈阳到丹东一线部署的兵力有多少，能否出兵援助朝鲜。在接到金日成的求援电报后，斯大林又给毛泽东发来电报："中国最终将被卷入战争，同时，由于与中国有互助同盟条约，苏联也将卷入战争。我们对此应该惧怕吗？我的观点是，我们不必惧怕，因为我们联起手来将比美国和英国更强大。"如果战争是不可避免的，那么让它现在就来吧，而不要等数年之后，那时日本军国主义就将恢复起来并成为美国的一个盟国。"斯大林的这番慷慨陈词，显然不仅仅是询问中国的意见，而且是鼓动和要求中国卷入这场战争。

金日成在要求斯大林替他向中国寻求帮助的同时，也直接派人来北京求援。10月1日，朴宪永携金日成给毛泽东的信抵达北京，直接向毛泽东、周恩来提出请中国出兵赴朝参战。

几天之内，形势剧变，情况危急，苏联的鼓动和朝鲜的请求，加上中国对战局发展前景的担忧，迫使毛泽东当机立断，作出决定。10月2日凌晨2时，毛泽东以中央军委名义给高岗和邓华发电，要高岗立即来京开会，让邓华下令"边防军提前结束准备工作，随时待命出动，按原定计划与新的敌人作战"。同一天，毛泽东拟就了给斯大林的电报稿，电报稿中说中国已决定"用志愿军名义派一部分军队至朝鲜境内和美国及其走狗李承晚的军队作战，援助朝鲜同志"。还通报说中国预先调至东北的12个师将于10月15日开始出动，在朝鲜北部适当地区（不一定到"三八线"），进行防御战，待苏联武器到达后，配合朝鲜人民军举行反攻。这是毛泽东第一次明确表示派兵入朝作战的意思，但是，这封连夜起草的电报却并没有发出，原因是在当天下午即10月2日召开的中央书记处会议上，大家意见很不一致。

10月4日，在中南海丰泽园召开的政治局扩大会议意见分歧仍然很大，许多人不赞成出兵。由于天气原因，彭德怀于10月4日下午才飞抵北京。赶到会场后，彭德怀"发现会议的气氛很不寻常"，意见分歧很大。当天下午，彭德怀没有发言。5日上午9时左右，邓小平受毛泽东委托专程到北京饭店接彭德怀去中南海谈话。显然，毛泽东有意通过彭德怀扭转会议的僵持局面。下午政治局会议继续对是否出兵援朝问题进行讨论时，仍有两种意见。这时，彭德怀发言坚决支持毛泽东的主张。彭德怀的发言的确起了重要作用。会议同意了毛泽东的主张，决定出兵援朝。所以会议结束后，毛泽东才十分肯定地对彭德怀说："给你十天准备时间，出兵时间初步预定 10 月 15 日。"

10 月 6 日，周恩来主持召开党政军高级干部会议。会上传达了党中央关于出兵朝鲜的决定，并研究部署志愿军出动的各项准备工作。林彪在会上继续表示不赞成出兵，他的主要意见是，为了拯救朝鲜而把中国打烂不值得，因装备太差与美军作战没有胜利把握，美国可能用原子弹或大规模空军袭击中国大陆。因此，他还是主张最好不出兵，如果一定要出，就采取"出而不战"的方针，屯兵于朝鲜，待机行事。周恩来批评了这种看法，强调出兵援朝的决心已定，现在只是研究如何执行的问题。

10 月 8 日，毛泽东发布了关于组成中国人民志愿军的命令，任命彭德怀为志愿军司令员兼政委，率第十三兵团及所属 4 个军和边防炮兵司令部及所属 3 个炮兵师，待命出动。后勤供应事宜，统由高岗调度。同日，毛泽东发电将这一决定通知金日成。这是毛泽东第二次作出派兵入朝的决定。

中国决定出兵朝鲜的确是有很大困难的，其中军事方面的问题主要在于中国军队装备落后，而且没有进行现代化战争必备的空军。然而，就是在出动空军的问题上，斯大林瞻前顾后，出尔反尔，以致中国在下决心出兵朝鲜的问题上再次出现波折。

周恩来是 10 月 8 日离开北京的，10 日到达莫斯科，11 日在布尔加宁陪同下乘专机飞到黑海之滨斯大林的休养地，当天下午举行双边会谈。会谈的内容主要有以下几点：（1）斯大林解释苏联不能出兵的理由。斯大林认为苏联虽设想过帮助朝鲜，但早已声明苏军从朝鲜全部撤出，所以不能出现在战场，更不能同美国直接对抗。（2）斯大林劝中国出兵，如果中国出兵，苏联将供应武器和装备。（3）周恩来阐明中国出兵的困难：中国人民长期遭受战争之苦，许多国计民生问题尚未解决，目前刚刚结束战争，正在恢复和建设等等。（4）斯大林建议，如果中国不出兵，就通知金日成早些撤过鸭绿江，保存有生力量，可将主力部队撤到中国休整，以利再战。

毛泽东得知苏联已确定暂不出动空军的消息后，紧急发出两封电报，指示东北的彭德怀、高岗以及华东的饶漱石、陈毅："10月9日命令暂不实行"，"十三兵团各部仍就原地进行训练，不要出动"，"宋时轮兵团亦仍在原地整训"。同时，请高岗和彭德怀赴京商谈。代总参谋长聂荣臻担心电报辗转延误时间，又于当晚7时许匆忙赶到军委作战部值班室，直接用电话找到正在安东察看渡口的彭德怀，告诉他情况有变化，回北京当面谈。

10月13日中午，彭德怀和高岗抵达北京。下午，毛泽东在颐年堂召开中央政治局紧急会议，对出兵和不出兵的利害关系再次展开讨论。彭德怀听说苏联不给予空军支援后十分生气，并表示要辞去志愿军司令职务。毛泽东再次掌握了会场，他说服彭德怀和其他与会者，虽然苏联空军在战争开始阶段不能进入朝鲜，但斯大林已答应对中国领土实行空中保护，并向中国提供大量军事装备。会议最后决定，即使暂时没有苏联空军的支援，在美军大举北进的情况下，不论有多大困难，也必须立即出兵援朝。随后，毛泽东与彭德怀、高岗详细研究了志愿军入朝后的作战方案。

会议结束后，毛泽东即给周恩来去电："与政治局同志商量结果，一致认为我军还是出动到朝鲜为有利。"在谈到出兵的意义时，毛泽东在电报中指出："我们采取上述积极政策，对中国，对朝鲜，对东方，对世界都极为有利；而我们不出兵，让敌人压至鸭绿江边，国内国际反动气焰增高，则对各方都不利，首先是对东北更不利，整个东北边防军将被吸住，南满电力将被控制。""总之，我们认为应当参战，必须参战，参战利益极大，不参战损害极大。"

由于没有空军掩护，毛泽东决定初期只与南朝鲜部队作战。第二天毛泽东又致电周恩来，通报了具体的作战部署和方案，并说明志愿军出动的日期是 10 月 19 日。这是毛泽东第三次下决心出兵朝鲜。

10 月 15 日，平壤告急，金日成派朴宪永到沈阳会见彭德怀，要求中国尽快出兵。彭德怀告诉他，中国已作出最后决定，预定 10 月 18 日或 19 日部队分批渡江。同日，毛泽东致电高岗和彭德怀，要求志愿军出动日期提前。电报说"我军先头军最好能于 17 日出动，第二个军可于 18 日出动，其余可在尔后陆续出动，10 天内外渡江完毕"。

应朝鲜党和政府的请求，中共中央和中央人民政府决定抗美援朝，保卫国家。10 月 19 日，中国人民志愿军分 3 路跨过鸭绿江，与朝鲜人民军共同抗击美国侵略者。

然而，就在中国军队箭已上弦，不得不发之时，莫斯科方面的情况又有变化。斯大林得知中国的决定后，于 10 月 14 日给什特科夫发出急电说，"经过一段犹豫不决，中国人已最后作出向朝鲜派出他们的军队的决定。我很满意这个有利于北朝鲜的决定。在这个问题上，您不必考虑以前我们的高级官员与中国领导人会谈时作出的建议"。这个"建议"显然是指在此之前苏联与中国达成的一旦中国军队介入战争，苏联就将提供空中支援的协议。斯大林既已达到目的，自然要把苏联所承担的风险降低到最小程度。然而，中国方面对此还寄予着很大希望。

几经努力和斡旋，10 月 14 日，苏联政府承诺对援助中国的军事装备将采取信用贷款的方式，以及将出动 16 个团的喷气式飞机掩护中国志愿军入朝作战。周恩来又致电在疗养地的斯大林，进一步提出苏联除战斗机外，可否出动轰炸机配合中国军队作战；除出动空军入朝作战外可否加派空军驻扎在中国近海各大城市；以及除提供武器装备外，可否在汽车、重要工兵器材方面也给予信用贷款订货的条件；等等。这时，斯大林却改变了主意，他给莫斯科的莫洛托夫打电话说，苏联空军只能到鸭绿江边，不能配合志愿军入朝作战。周恩来无可奈何，只得于 16 日离开莫斯科回国。

苏联决定不派空军入朝作战，也就意味着中国军队在朝鲜战场根本无法得到有力的空中支援。这不能不使中国重新考虑出兵问题。于是，毛泽东在 17 日下午 3 时再次急电彭德怀和高岗改变计划。原定先头部队 17 日出动，现改为"准备于 19 日出动"，并且说明 18 日"当再有正式命令"，电报还要彭、高二人再乘飞机回京商谈。

18 日，毛泽东再次主持召开中共中央会议，研究出兵朝鲜问题。会上，刚回北京的周恩来介绍了几天来同斯大林、莫洛托夫等人会谈的情况，彭德怀介绍了志愿军出国前的准备情况。毛泽东最终决断说："现在敌人已围攻平壤，再过几天敌人就进到鸭绿江了。我们不论有天大的困难，志愿军渡江援朝不能再变，时间也不能再推迟，仍按原计划渡江。"会后，毛泽东于晚9时给邓华等志愿军领导去电，命令部队按预定计划，自10月19日晚从安东和辑安两地渡过鸭绿江，入朝作战。这是毛泽东第四次，也是最后一次下定决心出兵朝鲜。

## 出击必胜

出兵朝鲜是中国在极其困难的条件下被迫作出的决定，也是一个大无畏的决定。

这时，我国的经济力量和军队装备均无法同美国相比。我国战争创伤刚刚进行治理，财政经济状况相当困难，而美国是资本主义的头号强国。1950年钢产量为60.6万吨，而同时期美国的钢产量为8772万吨，是我国的144倍。在军队装备上，美军是世界上第一流水平的，地面部队全部机械化，其一个步兵师即装备有坦克140余辆，70毫米以上口径火炮330余门，火力、机动力均强，并有强大的海军和空军，掌握制空权和制海权。

我军空军和海军刚刚组建不久，短时间内不可能参战，根本谈不上制空权和制海权。我军的地面部队只有少量机动火炮，坦克部队也刚刚组建，每个步兵军只有70毫米以上口径火炮190余门，还没有美军一个师装备得多，并且，多是在抗日战争和解放战争时期缴获的旧装备，火力和机动力均很弱。我国出兵参战困难太多。

尽管困难重重，但中国人民有坚强的决心，有战无不胜的勇气，中国人民是不可战胜的。

从10月19日起，中国人民志愿军陆续跨过鸭绿江，进入朝鲜境内。

○—。 中朝军队协同作战，取得了朝鲜战场的伟大胜利。图为中朝军队胜利会师时欣喜若狂的场面。

1950 年 10 月 25 日到 1951 年 6 月的七个多月里，志愿军根据中央军委提出的作战方针，结合朝鲜战场的形势，同朝鲜人民军一起，实行战略反攻，以运动战连续进行了五次战役，歼敌 23 万余人，将以美军为首的联合国军和南朝鲜军击退到"三八线"地区。此后，战争进入相持阶段，双方在"三八线"附近地区对峙。

美国和南朝鲜军队在遭受惨重打击后，被迫于 1951 年 7 月接受停战谈判。在谈判过程中，美国企图以"军事压力"配合谈判，达到其不合理的要求。美军和南朝鲜军发动了夏季攻势和秋季攻势，在战争中使用了灭绝人性的化学武器和细菌武器。他们还凭借空中优势实行了"绞杀战"。志愿军根据毛泽东提出的"持久作战，积极防御"的战略方针，以大规模的阵地战顽强坚守，粉碎了美军和南朝鲜军的进攻，并于 1953 年发动强大的夏季反击战役，歼灭美军和南朝鲜军 12 万余人，迫使其恢复谈判和接受停战。7 月 27 日，双方在停战协定上签字，朝鲜战争宣告结束。在这场战争中，中国人民志愿军与朝鲜人民军并肩作战，共毙伤俘以美国为首的联合国军和南朝鲜军 109 万余人。1958 年 10 月，志愿军全部撤离朝鲜回国。

在朝鲜战争中，中国人民志愿军与具有现代化装备的美军作战，抗住了美军除原子弹以外一切武器的大规模攻击，完成了抗美援朝、保家卫国的伟大任务。抗美援朝战争的伟大胜利具有深远的历史意义：中国出兵朝鲜作战，同朝鲜人民结下了深厚友谊，从而使得中国有一个友好的邻国。更重要的是，新中国以其大无畏的英雄气概，在新中国成立初期极其困难的条件下敢于面对世界头号强国，英勇奋战，致使战后不可一世的美国也不得不来到谈判桌前。这大大提高了新中国的国际地位和声望，特别是给许多弱小的国家做出了不畏强权的榜样，极大地提高了中国共产党在全国人民心目中的威信，提高了中国人民的民族自信心和民族自豪感，顶住了美国侵略扩张的势头，打乱了帝国主义扩张势力范围的部署，维护了亚洲以及世界和平，为我国的经济建设和社会发展赢得了一个相对稳定的和平环境。

# 土地改革

———

中国历史上规模最大的土地改革运动。

《中华人民共和国土地改革法》颁布。

农民盼了几辈子的事情，终于实现了。


1950 年 6 月，中共七届三中全会在北京召开。会议分析了国际国内形势，总结了七届二中全会以来即新中国成立前后一年多的工作。毛泽东向全会作《为争取国家财政经济状况的基本好转而斗争》的书面报告，代表中央向全党和全国人民提出了当前阶段的中心任务，指出，要获得财政经济状况的根本好转，要用三年左右的时间，创造三个条件，即：土地改革的完成；现有工商业的合理调整；国家机构所需经费的大量节减。

毛泽东在七届三中全会的报告中指出："我们对待富农的政策应有所改变，即由征收富农多余土地财产的政策改变为保存富农经济的政策，以利于早日恢复农村生产，又利于孤立地主，保护中农和保护小土地出租者。"毛泽东强调，要"有步骤有秩序地进行土地改革工作"。七届三中全会还听取了刘少奇关于土地改革问题的报告，通过了《中华人民共和国土地改革法》(草案)。6 月 14 日，政协第一届全国委员会第二次会议召开，主要议题是土地改革，刘少奇在会上作《关于土地改革问题的报告》，全面阐述了土地改革政策的基本内容和进行土地改革的具体办法。在闭幕会

○～○ 土地改革，使 3 亿多无地少地的农民得到了 7 亿亩土地和大量生产资料，彻底摧毁了封建
制度的基础——地主阶级的土地所有制。各地派出土改工作团深入农村，领导土改运动。图
为四川金堂县农民欢迎土改队进村。

上，毛泽东进一步指明了土地改革的伟大意义，号召一切革命的人，都要
站在革命人民一边，过好土地改革这一关。

6 月 28 日，中央人民政府委员会第八次会议讨论并通过了《中华人
民共和国土地改革法》，30 日公布施行。它总结了党过去领导土地改革的
经验和教训，又适应新中国成立后的新形势确定了新政策，成为指导土地
改革的基本法律依据。

新中国成立后的土地改革运动，是在人民革命战争已经取得全国胜
利，统一的人民政权已经建立的条件下进行的。党面临的最迫切的任务，
是恢复和发展国民经济。党制定的各项政策和进行的各项工作，都应当围
绕着这个中心并为它服务。土地改革的目的也在此。《土地改革法》第
一条总则便是："废除地主阶级封建剥削的土地所有制，实行农民的土地

所有制，借以解放农村生产力，发展农业生产，为新中国的工业化开辟道路。"

根据历史经验和当时的实际，中国共产党制定了一条较为完整，具有中国特色的土地改革总路线，并制定了相应的各项政策、法令、方针和措施。

——制定了土地改革总路线，即："依靠贫、雇农，团结中农，中立富农，有步骤有分别地消灭封建剥削制度，发展农业生产。"这条总路线是多年来党进行土地改革运动经验的继承和总结，是符合新中国成立后农村实际的，又是土地改革中各项具体政策和措施的总依据。

——在政策上，对富农，由过去征收富农多余的土地财产改为保存富农经济，即：保护富农所有自耕和雇人耕种的土地及其他财产；富农出租的小量土地一般也保留不动；半地主式富农出租大量土地，超过其自耕和雇人耕种的土地数量者，征收其出租的土地。对地主，限制了没收其财产的范围。对小土地出租者，提高了保留其土地数量的标准。实行这些政策，是为了更好地保护中农，有利于分化地主阶级，减少土改运动的阻力，还有利于稳定民族资产阶级。归根到底，是为了有利于生产的恢复和发展。

——在工作方法上，强调土地改革要有领导、有计划、有秩序地进行。土地改革是一场激烈的阶级斗争，必须贯彻党的群众路线，依靠贫农、雇农，团结中农，把广大农民充分发动起来，使他们在打倒地主阶级的斗争实践中提高觉悟程度和组织程度，真正相信自己的力量，实现当家作主。土地改革运动中，反对不发动群众，用行政命令方法把土地"恩赐"给农民的"和平土改"。同时，又强调，对群众运动不能放任自流，必须把放手发动群众同用党的政策去武装群众、引导群众结合起来。为了加强领导，训练了大批干部，组成土改工作队，深入到农村工作。还在城

1951 年 10 月 1 日，热河建平县发给崔景福的房屋执照。

乡各界人民中进行宣传教育，并吸收许多民主党派人士和知识分子参加或参观土地改革，形成城乡最广泛的反封建统一战线。

从 1950 年冬到 1953 年春，根据中共七届三中全会的部署，在进行抗美援朝战争的同时，党在新解放区占全国人口一多半的农村领导农民完成了土地制度的改革。到 1953 年春，全国除一部分少数民族地区及台湾外，土地改革都已完成。全国有 3 亿多无地少地的农民（包括老解放区农民在内）无偿地获得了约 7 亿亩土地和大量生产资料，免除了过去每年向地主交纳的约 700 亿斤粮食的苛重地租。这不仅是中国历史上，而且是世界历史上规模最大的土地改革运动。通过土地改革运动的胜利完成，在中国延续了几千年的封建制度的基础——地主阶级的土地所有制，至此彻底消灭了，真正实现了耕者有其田。农民盼了几辈子的事情，终于实现了。

# 三大改造

---

"把太多的小辫子梳成较少的大辫子。"

围绕农业合作化速度问题，中央领导层发生了一场严重的争论。

许多单干农民直接参加高级社，被喻为"一步登天"。

资本主义工商业社会主义改造的计划一再提前。

伴随着第一个五年计划的实施和社会主义工业化的起步，伴随着过渡时期总路线的提出和宣传，1953 年，国家对农业、手工业和资本主义工商业进行了系统的社会主义改造。

## 农业合作化运动初步展开

在农业社会主义改造方面，中共中央于 1951 年 9 月制定了《关于农业生产互助合作的决议（草案）》。针对当时老解放区农村互助组织涣散、不少中农向往单干和许多干部、贫农抱有"农业社会主义"思想，盼着早日实现大家生活"一拉齐"等情况，决议草案提出：要重视农民在土地改革基础上发扬起来的个体经济和劳动互助两种生产积极性；批评了农业互助合作问题上存在的消极态度和急躁态度这两种错误倾向，要求根据生产发展的需要和可能，引导个体农民沿着互助合作的道路前进。这个决议草案经过一年多的试行，于 1953 年 2 月由中共中央作为正式决议下发。

由于工业建设的全面铺开，从 1952 年下半年起，全国粮食购销开始呈现出紧张形势。1953 年，粮食紧张情况有增无减，哄抬物价的风潮随时可能发生。面对这种严峻情况，10 月，中共中央紧急作出一项重大决策：在农村实行粮食征购，在城市实行粮食配给，严格管制粮食私商。这一政策简称"统购统销"。具体政策为：计划收购，计划供应，由国家严格控制粮食市场和中央对粮食实行统一管理。

11 月，政务院下达《关于实行粮食的计划收购和计划供应的命令》。统购统销政策的实行，很快缓解了粮食供求紧张的矛盾，但不能根本改变农业生产落后于工业发展的状况。中央认为，解决粮食紧张的根本出路在于依靠农业合作化并在此基础上适当进行技术改革。此外，实行粮食统购统销，国家要同上亿户农民直接打交道，核定各户余粮，动员各户交售，工作非常繁难。这也要求"把太多的小辫子梳成较少的大辫子"，把农民进一步组织到合作社里来。

为进一步推动农业合作化运动的发展，12 月中央又公布了《关于发展农业生产合作社的决议》，从克服农业同工业发展不相适应的矛盾出发，把逐步实行农业合作化作为农村工作中最根本的任务，提出初级社是引导农民过渡到完全社会主义的高级社的适当形式，要求把发展初级社作为领导互助合作运动继续前进的重要环节。互助组是建立在农民小私有基础上，因实行生产互助而具有社会主义萌芽性质。初级社是生产资料部分公有，属于半社会主义性质，其特点是土地入股，实行按劳动力分配和一定比例的土地分红，比较适合当时我国农村生产力的状况，较容易为贫农、中农两部分农民群众所接受。高级社则是生产资料完全归集体所有，实行统一经营、统一分配。这种高级形式的合作社，当时仅在个别地方进行试点工作，尚不宜推广。

辽宁盖平县农业生产合作社积极向国家出售新棉花

到 1955 年春，全国初级社迅速发展到 67 万个。由于发展过猛，一些地方出现侵害农民——主要是中农利益的偏向，造成农村关系的紧张。为此，中央发出《关于整顿和巩固农业生产合作社的通知》等一系列指示，强调农村工作的一切措施，都必须围绕发展生产这一环节，必须从小农经济的现状出发，在粮食方面采取"定产、定购、定销"措施，安定农民的生产情绪；在扩展合作社方面，实行"停、缩、发"方针，一般停止发展，适当收缩，全力巩固农业合作社。经过整顿，全国共收缩了 2 万个社，巩固下来的 65 万个社，当年夏收有 80% 增产，开始转入健康发展轨道。

粮食实行统购统销以后，接着实行油料的统购和食油的统销，1954年又实行棉花的统购和棉布的统购统销。统购统销政策与农业互助合作相互联系、相互促进，实际上使国家掌握了私营工商业的原料供给和销售市场，从而直接推动了对资本主义工商业的社会主义改造进程。

## 关于农业合作化推进速度的争论

1955年夏季以后，围绕农业合作化速度问题，中央领导层发生了一场严重的争论。在此之前，整个社会主义改造总的来说是按计划、有步骤地稳步前进的，争论之后，社会主义改造的步伐猛烈地加快了。

根据局部农村整社后的形势，中央农村工作部提出农业合作社到1956年春发展到100万个的计划，得到中央政治局批准。但1955年6月毛泽东从南方视察回到北京后，对农业合作化发展作出了新的观察和判断，主张修改计划，发展到130万个。国务院副总理、中央农村工作部部长邓子恢认为不妥，力主合作社要稳步发展。他提出：合作化运动应与工业化进度相适应，发展不宜过快；群众觉悟水平和干部领导能力需要逐步提高，要求不能过急；目前合作化发展已经很快，存在的问题很多，应该着重做好巩固工作，为下一步的发展打好基础。后来的实践表明，邓子恢的意见是正确的，是符合农村实际情况的。但在当时，毛泽东认为邓子恢的思想右了，是对合作化不积极。

7月31日至8月1日，省、市、自治区党委书记会议在北京举行，毛泽东在会上作了《关于农业合作化问题》的报告。报告严厉批评了邓子恢和他领导的中央农村工作部的所谓"右的错误"，认为"在全国农村中，新的社会主义群众运动的高潮就要到来"，而我们的某些同志却落后于群众，"像一个小脚女人，东摇西摆地在那里走路"，对合作化运动有"过多的评头品足，不适当的埋怨，无穷的忧虑，数不尽的清规和戒律"，这是"错误的方针"。报告强调农村中"将出现一个全国性的社会主义改造的高潮", 为此, 必须实行"全面规划, 加强领导"的方针。这次会议定下了加快农业合作化步伐的基调, 助长了在农业合作化问题上的急躁冒进情绪, 成为农业社会主义改造进程的一个转折点。

10月, 中共扩大的七届六中全会在北京举行。全会根据毛泽东《关于农业合作化问题》的报告, 讨论和通过了《关于农业合作化问题的决议》。《决议》把邓子恢和中央农村工作部的"错误"性质进一步升级, 确定为"右倾机会主义"; 并对不同地区规定了合作化的进度, 绝大部分地区都规定了很高的指标。七届六中全会结束后, 各地再次修订加快合作化步伐的规划, 使合作化运动形成异常迅猛的发展浪潮。到12月下旬, 全国已有60%以上的农户加入了合作社。

这时, 毛泽东主持编选的《中国农村的社会主义高潮》一书出版。他为这本书写了序言和104条按语, 主导思想是"批右", 不仅对合作化运动中的所谓"右倾机会主义"给予更尖锐的批评, 而且认为在其他许多方面的工作中也有"右倾保守思想"在"作怪"。由于激烈批判"右倾"所形成的政治压力, 以及一再提出超前的发展计划, 农业合作化运动像海啸

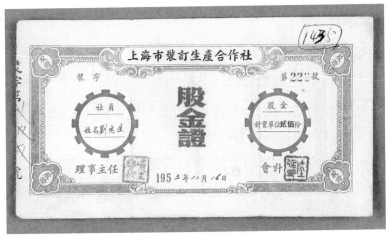

上海市装订生产合作社社员入股的股金证

一般席卷中国大地。

1956 年 1 月，入社农户由上年 6 月占全国总农户的 14.2%，猛增到 80.3%，基本上实现了初级社化。6 月，毛泽东以国家主席名义公布《高级农业生产合作社示范章程》，刚刚建立的初级社随之向高级社转变，各地并社升级的浪潮愈发不可遏制，许多单干农民直接参加高级社，被喻为"一步登天"。到 1956 年底，加入合作社的农户已达全国总农户的 96.3%，其中入高级社的农户占 87.8%。在短短几个月的群众运动高潮中，骤然完成由半社会主义合作社到全社会主义合作社的转变，全国基本上实现了高级社化。

## 对资本主义工商业和手工业的社会主义改造

1953 年 6 月，中央确定通过国家资本主义改造资本主义工商业的方针。

国家资本主义的初级形式，一是国家委托私营工厂加工订货，对其产品统购包销，工业资本家获取一定的工缴费，企业利润实行"四马分肥"（即国家所得税、企业公积金、工人福利费、资方红利四个部分），企业虽然仍由资本家管理，但基本上是为国计民生服务，具有一定的社会主义性质。二是国家委托私营商店经销和代销商品，商业资本家获取合理的批零差价和代销费。这些形式属于国家同资本家在企业外部的合作，并不触及生产资料的资本家所有制。

国家资本主义的高级形式是公私合营，即国家通过注入资金和委派干部，使社会主义成分同资本主义成分在企业内部合作，企业由私有变为公私共有，公方代表和工人群众结合在一起掌握企业的领导权，资本家失去原有的支配地位，生产关系发生重要变化，便于劳资矛盾、公私矛盾朝着

1956 年 1 月 18 日，天津实现了工商业全行业公私合营。图为天津盛锡福帽厂公私合营后，挂上了新厂牌。

有利于劳方和公方的方向解决，有利于改进生产，纳入国家计划。

在 1953 年底以前，以加工订货、经销代销为主的初级国家资本主义形式，在私营工商业中已有较大发展。随着粮棉油统购统销制度的实行，从 1954 年起，国家转入重点发展公私合营这种高级形式的国家资本主义。私营工商业由国家资本主义的低级形式向高级形式的发展，事实上也就是逐步改造其生产关系，使企业逐步走向社会主义的过程。1954 年到 1955 年，扩展公私合营的工作取得很大进展，公私合营企业数量不断增加。1954 年 12 月，中央提出统筹兼顾、归口安排、按行业改造的方针。1955 年，北京、上海、天津等地一部分行业先后实行了全行业公私合营。

在农业合作化运动迅猛发展的推动下，资本主义工商业全行业公私合营的浪潮也很快席卷全国。1956 年 1 月底，全国五十多个大中城市相继宣布实现全市的全行业公私合营。1956 年底，全国私营工业户数的 99%，私营商业户数的 82.2%，分别纳入了公私合营或合作社的轨道。原定用三个五年计划基本完成资本主义工商业社会主义改造的计划一再提前，结果在 1956 年内就实现了。

手工业的合作化，在总路线提出以后采取"积极领导、稳步前进"的方针。组织形式是手工业生产合作小组、手工业供销合作社和手工业生产合作社，步骤是从供销入手，由小到大，由低到高，逐步实行社会主义改造和生产改造。农业合作化的猛烈发展，也影响了手工业的合作化速度。1955 年底中央提出要求：在两年内基本完成手工业合作化。实际上，到 1956 年底，参加合作社的手工业人员已占全体手工业人员的 91.7%。

1956 年社会主义改造的基本完成，在中国实现了生产资料所有制的深刻变革。农民、手工业者个人所有的小私有制，基本上转变为劳动群众集体所有制；资本家所有的资本主义私有制，基本上转变为国家所有制即全民所有制。在整个国民经济中，全民所有制和劳动群众集体所有制这两种社会主义公有制形式，已占据绝对优势地位。尽管改造后期实际工作中出现了一些偏差，但从改造的方向和全过程来看，基本上是符合我国工业化初期经济发展的客观需要的。在我国实现对农业、手工业、资本主义工商业的社会主义改造，可以说是一件有伟大历史意义的事情。

# 初露锋芒日内瓦

———

新中国第一次以大国身份参加大型国际会议。

朝鲜问题的讨论形成"僵局"。

周恩来舌战群雄。

日内瓦会议是中华人民共和国成立以后第一次参加的重要国际性会议，中共中央对此十分重视，决定派周恩来率代表团前往参加。

## 中国高度重视日内瓦会议

根据朝鲜停战协议，1954 年 1 月在柏林召开了苏、美、英、法四国外长会议，于 2 月 19 日发表公报，建议 1954 年 4 月 26 日在日内瓦举行会议，以期和平解决朝鲜问题，并讨论恢复印度支那和平问题。

3 月 3 日，中国政府复电苏联政府：中国接受苏联根据柏林会议发来的邀请，"同意派出全权代表参加日内瓦会议"。

2 月底至 3 月，为了开好日内瓦会议，周恩来做了大量准备工作。3 月 31 日，周恩来出席中共中央政治局扩大会议，报告关于日内瓦会议的估计及准备情况。会议批准周恩来报告的意见，并委托周恩来先期赴莫斯科同苏共中央商谈出席会议的有关事宜。

4 月 1 日，周恩来一行人起程赴苏。在莫斯科，周恩来同赫鲁晓夫等人进行了多次圆桌会议形式的商谈。赫鲁晓夫先谈了对即将召开的日内瓦会议的设想和看法。他说:"这是一次带政治性的国际会议,但对它不必抱有过大的希望,不要期望解决什么问题。它可能根本解决不了什么问题。"

周恩来则代表中国政府从不同的角度谈了对日内瓦会议的不同考虑。他说:中国、朝鲜、越南能够一同出席这次会议,这本身就是一件不同寻常的事,是我们的一个胜利。我们能够利用这次机会,阐明对各项问题所持的原则立场,对若干有关问题作出解释和澄清性的说明,如果能解决某些问题就会有更大的收获。周恩来还一再声明:中国是第一次参加这样的国际会议,缺乏国际斗争的知识和经验,中苏之间必须保持密切联系,随时交换意见,互通情报,统一口径,以便协同行动。

对周恩来的这些要求,赫鲁晓夫等都给予了肯定的答复。双方达成了一致的看法,由苏联方面草拟具体方案。周恩来对此也比较满意。这恐怕

针对会议中某些国家对中国内外政策的误解和非议,周恩来即席作了补充发言,提出了著名的"求同存异"的方针。图为4月19日下午,周恩来在会议短暂休息时赶写的补充发言稿。

是周恩来与赫鲁晓夫交往中最愉快的一次。

在周恩来回国的前一天晚上，赫鲁晓夫设宴招待周恩来。酒宴上，兴高采烈的赫鲁晓夫和周恩来拥抱旋转，一边一杯接一杯地干杯，一边踢踏着他的腿脚，在宴会厅的空地上跳起了他最为拿手的乌克兰民间舞蹈"戈巴克"，并不时地"喊"几句俄罗斯民歌。

宴会的气氛轻松热烈，周恩来的情绪也非常高涨，在赫鲁晓夫、米高扬等人的轮番劝酒中，也豪爽地连连干杯。可能是饮酒过量，加之过度疲劳，周恩来感到不支而呕吐。莫洛托夫等人赶紧把周恩来送回宾馆，并一个劲地道歉。回国后，周恩来为此专门向毛泽东作了自我批评。毛泽东微笑着说：这是常有的事，算不得丢丑。

4 月中旬，中央人民政府主席毛泽东正式任命周恩来为出席日内瓦会议的中国代表团首席代表，张闻天、王稼祥、李克农为代表。另外，为了锻炼新中国的外事工作人员队伍，代表团还吸收了政治、经济、文化等各个领域的专家近 200 人。

## 朝鲜问题的讨论形成"僵局"

4 月 26 日，举世瞩目的日内瓦会议在日内瓦国联大厦开幕。

日内瓦会议的第一个议程是朝鲜问题。参加会议的除五大国和朝鲜南北双方外，还有澳大利亚、比利时、加拿大等 12 国。会议由泰国、苏联、英国三国首席代表旺亲王、莫洛托夫、艾登轮流主持，后期同印度支那问题的讨论平行进行。

朝鲜问题的讨论，正如周恩来在会前预计的那样，形成了一个"僵局"。

会议一开始，朝、中、苏三国代表为公平解决朝鲜问题作了巨大努力。4 月 27 日，朝鲜民主主义人民共和国外务相南日提出实现朝鲜和平统一的三点方案：一、举行全朝鲜自由选举，以组成朝鲜统一政府；二、一切外国武装力量在六个月内撤出朝鲜；三、对维护远东和平具有最大关心的相应国家保证朝鲜的和平发展，并为朝鲜的和平统一创造条件。第二天，周恩来发言，完全支持南日提出的这个公平合理的方案。

但美国和南朝鲜顽固坚持不解决问题的立场。这样，会议开了三天，周恩来就在致中央的电报中作出初步判断："根据三天会场情况看来，朝鲜问题的讨论形成敷衍局面，因美国不打算解决问题，法国对朝鲜问题又不便发言，英国也表示不想发言。"

日内瓦会议关于和平解决朝鲜问题的讨论吵了整整一个半月，除小组会外，先后举行了 15 次全体会议，美国自始至终没有提一项积极性的建议，会议没有取得丝毫进展。

## 周恩来舌战群雄

6 月 15 日，日内瓦会议举行讨论朝鲜问题的最后一次全体会议，艾登担任会议主席。朝鲜代表南日首先发言，他说：如果会议不能在通过自由选举实现朝鲜统一的问题上取得谅解，那么我们也应当在其他一些问题上，首先在维护朝鲜和平问题上取得谅解。他提出了保证朝鲜和平状态的六点建议。周恩来支持南日提出的六点建议，莫洛托夫主张与会各国发表宣言，保证不采取任何可能足以对维持朝鲜和平构成威胁的行动。他们三人发言后，主席艾登说：在我的名单上没有要求发言的名字了。这时，有人突然建议暂时休会，得到主席同意。

这次休会的时间长达 40 分钟。重新开会后，美国代表、副国务卿史密斯首先发言否决了朝、中、苏提出的所有建议。

几个人接着发言后，一位泰国代表宣读了一份包括美国等十六国的共同宣言，结论是"由本会议进一步考虑与研究朝鲜问题是不能产生有用的结果的"，这就意味着，这些国家想把在日内瓦会议上继续讨论朝鲜问题的大门完全关死。

这时，周恩来站了起来，压住怒火，以平静的口气缓缓地说道：十六国宣言是在断然表示要停止我们的会议，这不能不使我们感到极大的遗憾。情况虽然如此，我们仍然有义务对和平解决朝鲜问题达成某种协议。周恩来接下来建议通过如下内容的决议，即："日内瓦会议与会国家达成协议，它们将继续努力以期在建立统一、独立和民主的朝鲜国家的基础上达成和平解决问题的协议。关于恢复适当谈判的时间和地点问题，将由有关国家另行商定。"周恩来说："如果这样一个建议都被联合国军有关国家所拒绝，那么，这种拒绝协商和和解的精神，将给国际会议留下一个极不

中国代表出席日内瓦会议

良的影响。"与会各国都感觉到了，周恩来最后这句话的分量是很重的。

周恩来的发言引发了以后广泛流传于外交界的一场妙不可言的舌战。

比利时外长、老外交家斯巴克马上解释："莫洛托夫和周恩来的建议与十六国宣言并不矛盾。我们不同意，只是因为它们的精神已被包括在停战协定与十六国宣言中了。"

周恩来马上反驳："斯巴克的说法没有根据。朝鲜停战协定并没有如我们建议的规定。中国代表团带着协商和和解的精神第一次参加这样的国际会议，如果我们今天提出的最后一个建议都被拒绝，我们将不能不表示最大的遗憾。全世界爱好和平的人民将对这一事实作出判断。"

斯巴克又解释道："我说的是周恩来的建议与我们起草十六国宣言的精神是一致的，说到头我毫不反对周恩来建议的精神。我相信，英国代表与我其他的同事持有与我相同的态度。"

周恩来毫不示弱，起立发言："如果说十六国宣言与中国代表团的建议有着共同的愿望，那么十六国宣言只是一方面的宣言，而日内瓦会议却有十九个国家参加。我们为什么不可以用共同协议的形式来表达这一共同愿望呢？难道我们来参加这个会议却连这一点和解的精神都没有吗？我必须说，我是在第一次参加国际会议中学到了这条经验。"

周恩来的发言合情合理，富有说服力，斯巴克和许多与会代表一样被周恩来的诚意所打动，发言表示："为了消除怀疑，我本身赞成以同意票决定我们接受中华人民共和国代表团的建议。"

尽管史密斯又气又急，但各国都无人反对，英国外交大臣艾登只好说："我可否认为，这个声明已为会议普遍接受？"美国代表史密斯急了，马上起立说："在请示我的政府以前，我不准备表示意见。"

周恩来再一次以缓慢而沉重的语调作了发言："我对比利时外交大臣所表现的和解精神感到满意。会议主席的态度也值得提及。然而我必须同时指出，美国代表立刻表示反对并进行阻挠，这就使我们大家都了解到美国代表如何阻挠日内瓦会议并且阻止达成即使最低限度的、最具有和解性质的建议。"周恩来补充说："我要求把我刚才的发言载入会议记录。"

有关朝鲜问题的这最后一次会议，时间超过五个半小时。主席在裁决所有这些发言都将载入会议记录以后，宣布会议闭幕。

周恩来在日内瓦会议上所表现出的宽阔的政治家的胸怀和高超的斗争艺术，给与会者及国际社会留下了深刻印象，也使新中国在国际外交舞台上初露锋芒。

# 万隆走出"一边倒"

---

"克什米尔公主号"事件震惊中外。

"我们的会议应该求同而存异。"

周恩来展示了个人的巨大魅力和外交机敏。

1954 年 4 月，印度尼西亚、印度、巴基斯坦、缅甸、锡兰（今斯里兰卡）五国总理在锡兰首都科伦坡举行会议，倡议召开亚非会议，讨论亚非地区各国共同关心的问题。12 月底，五国总理再次在印度尼西亚茂物举行会议，决定正式邀请包括中国在内的 29 个亚非国家，于 1955 年 4 月在印度尼西亚万隆举行亚非会议。

## "克什米尔公主号"事件

万隆会议是由亚非国家发起，没有西方国家参加的第一次大型国际会议。它反映了在 20 世纪殖民主义制度总崩溃的趋势下，亚非人民维护民族独立和世界和平、促进各国友好合作的共同愿望和要求。中国是亚非地区最大国家，本着为"争取扩大世界和平统一战线，促进民族独立运动，并为建立和加强我国同若干亚非国家的事务和外交关系创造条件"的原则，接受了五国总理的邀请。

中国政府还看到，在这些国家中，除了一些周边国家同中国有外交关系或贸易关系外，另有22个国家或与台湾当局保持着所谓的"外交关系"，或在美国的影响和控制下对中国存在着很大的误解和疑虑，特别是某些在朝鲜战争中与美国结盟的国家对中国的对立情绪更大。从这个意义上说，中国出席这次会议，以最大的诚意和耐心去寻求与这些国家的共同点，消除它们的疑虑，争取它们的信任，使它们逐步理解并支持中国，也是十分必要的。

然而，中国参加这次会议，并不顺利。首先，出行就出了麻烦。

周恩来一行原准备租用印度"克什米尔公主号"飞机，届时前往万隆。是时，台湾特务准备谋害周恩来。1955年4月，应缅甸总理的邀请，周恩来一行临时改机，取道先赴仰光。台湾特务不知。11日，中国和越南民主共和国参加亚非会议的先行人员，以及十余名中外记者，乘"克什米尔公主号"从香港飞往万隆。途经沙捞越西北海面上空时，由于台湾特务事先在飞机上放置了定时炸弹，飞机爆炸坠海，除机组个别人员外全部遇难。这就是震惊中外的"克什米尔公主号"事件。4月12日，中国政府就此事件发表郑重声明："这一不幸事件绝非一般的飞机失事，而是美国和蒋介石特务机关蓄意制造的谋杀。"

据时任外交部新闻司副司长的熊向晖回忆，1955年3月中旬，我情报部门侦悉，由蒋介石亲自批准，台湾"安全局局长"郑介民指令所属"保密局局长"毛人凤，策划在中国香港、印尼暗害周总理。毛人凤即命香港情报站负责在香港执行。主管情报工作的中国人民解放军副总参谋长李克农立即指示所属尽快探明蒋特的具体计划。

从表面来看，台湾特务的这次炸机似乎也达到了一些目的，如事后台湾的特务机关与港督达成口头协议，即以后港方对台湾特务不准判刑，出事应交台湾当局自行处理，作为交换，台湾特务亦保证不再在香港搞炸机、杀人、放火等恐怖行动，等等。"克什米尔公主号"事件在一些亚非国家中也引起了一定程度上的思想混乱，有的国家担心亚非会议是否还能开成；有的国家担心会议能否开好；有的国家领导人甚而劝说周恩来不要参加这个会议了。

然而，从大处来看，台湾当局在政治上也并没有占到什么"便宜"，中国共产党人并没有因此而"士气受挫"。这次事件的第二天，中国外交部便严正声明："中华人民共和国代表团一定要同与会各国代表团一起，为远东和平和世界和平而坚决奋斗。美国和蒋介石匪帮的卑劣行为，只能加强亚洲、非洲和全世界人民争取和平和自由的共同行动。"当时，越南民主共和国、波兰、奥地利、印度等许多国家纷纷起来谴责这一炸机行动，台湾当局从此更是大失人心。

## 好事多磨的亚非会议

1955 年 4 月 17 日，周恩来率中国政府代表团飞抵万隆，受到了极为热烈的欢迎。4 月 18 日，除中非联邦外，29 个国家的 340 名代表齐集万隆，亚非会议隆重开幕。

在会议进行中也波折颇多，不断出现反华风潮。

会议是分两个阶段进行的，第一阶段是各国代表发言。大多数国家的代表在发言中，都谴责殖民主义和种族主义，并表示要加强亚非国家之间的团结。但是，正如中国原先所预料的，18 日下午，会议就开始掀起了一股反华风潮。先是伊拉克代表法迪尔·贾马利发言，称共产主义是"独裁"，是"新殖民主义"，"在其他国家搞颠覆活动"，从而要"反对共产主义"。紧接着，一些国家也对中国表示了程度不同的不信任，甚至攻击中国信仰的共产主义，指责中国没有宗教自由，怀疑中国对邻国实行颠覆活动，等等。

在 19 日的发言中，菲律宾代表罗慕洛声称要"同美国联合起来反对共产主义"；泰国代表旺亲王称中国在云南建立傣族自治州使泰国"不得不面对渗入和颠覆活动的威胁"，还说具有双重国籍的华侨实际上对泰国也构成了很大的威胁；土耳其代表法丁·吕斯图·佐罗则把世界"还没有达到和平、安全和稳定状态"，完全归咎于社会主义国家。一时，大会气氛很紧张，人们担心会议是否还能开下去。

在 19 日上午会议上，针对出现的新情况，周恩来临时决定将原来的发言稿改为书面发言散发，而在下午会议上作补充发言。周恩来从容不迫地走上大会讲坛，诚恳地说：中国代表团参加会议的目的，"是来求团结而不是来吵架的"，"是来求同而不是来立异的"，"我们的会议应该求同而存异"。"我们共产党人从不讳言我们相信共产主义和认定社会主义制度是好的。但是，在这个会议上用不着来宣传个人的思想意识和各国的政治制度，虽然这种不同在我们中间显然是存在的。""会议应将这些共同愿望和要求肯定下来。这是我们中间的主要问题。"

1956 年 12 月，巴基斯坦人民赠给周恩来的金银线编花环。

周恩来的发言态度诚恳，尤其是"求同而存异"的提法使与会者感到亲切而又入情入理，那股清新的和解之风，赢来了会场上热烈的掌声和赞许，会场上原来那令人紧张和不安的气氛，顿时被一扫而光。

会议的第二阶段，是分组讨论起草关于促进世界和平与合作的宣言。

4 月 21 日，锡兰总理科特拉瓦拉节外生枝，突然举行记者招待会，公开干涉中国内政，要在会上讨论台湾问题。他主张台湾要由联合国托管，然后建立"独立国家"。处理对外关系，"存异"并不难，难的是在复杂的情况下，特别是在对立的状态中"求同"。而周恩来高超的外交斗争艺术，也止体现在这里。周恩来一方面在会上明确表示，中国不同意科特拉瓦拉的主张；另一方面，周恩来在会下又分别同许多国家的代表接触，耐心地向他们阐述中国的立场和政策，争取这些国家的理解。周恩来还主动找科特拉瓦拉单独谈话，向他介绍台湾的历史和中国对台湾问题的一贯立场。经过诚恳坦率的交谈，科特拉瓦拉说，他只是想说出心里话，无意引起争论，更无意把会议引向失败。

在第二阶段讨论中，会议还在两个问题上发生了争论。一是殖民主义问题。有的国家代表攻击社会主义国家的外交政策，诬蔑社会主义是另一种形式的殖民主义，从而要求谴责一切形式的殖民主义。中国代表团坚持原则，明确指出，人们可以喜欢或不喜欢某一社会制度，但是违反事实的说法中国是坚决不能接受的，然而，中国也不会因为这些国家反对过中国，而放弃支持它们要求关于宗主国对殖民地和附属国的独立给予支持的主张。二是和平共处五项原则的提法问题，大多数国家代表同意这一提法，认为它并不违背联合国宪章的精神，但是有的国家代表仍表示反对，认为这是共产党名词。对此周恩来提出，既然对这一提法的实质没有异议，我们可以换一个名词，用联合国宪章中"和平相处"一词来表述。有的国家代表还反对和平共处五项原则的数目和措辞，周恩来表示，"写法可以修改，数目也可以增减，因为我们寻求的是把我们的共同愿望肯定下来，以利于保障集体和平"。

4月24日，全体会议通过了《亚非会议最后公报》。可以想象，这么多不同社会制度国家的代表在一起，拟定着眼于"求同"的公报是何等的困难，这不仅要对每一句话，甚至对每一个词和字都要进行仔细的推敲。

首都市民游行庆祝万隆会议胜利召开

如原稿中"反对一切形式的殖民主义"一句，容易被歪曲为"共产主义也是新形式的殖民主义"之类的错误解释，在周恩来及一些国家代表的努力下，最后在《公报》上表达为"反对殖民主义的一切表现"，这样就准确多了。因为社会主义从本质来说，根本不会有殖民主义的一切表现。

同一天，大会还通过了《关于促进世界和平和合作宣言》，提出了"尊重一切国家的主权和领土完整"，"不干预和不干涉他国内政"，"承认一切种族的平等"，"承认一切大小国家平等"等十项原则。其实，这十项原则就是和平共处五项原则的引申和发展，两者在内容上并没有大的差别。

总之，尽管亚非会议从一开始就不顺利，然而许多国家至今仍不能不承认，由于周恩来的努力，使会议得以圆满地结束了。据著名的加拿大学者罗纳德·基斯说，当时"甚至连美国国务院的情报机构也承认，共产主义中国在万隆会议上所留下来的良好印象应该归功于周恩来娴熟的外交技巧。在万隆会议上，美国的外交又输掉了具有重大意义的一仗，败在了一个共产主义者的手下"。

周恩来在万隆会议上的表现，使得很多亚非国家了解了社会主义的中国。所以，在亚非会议后，中国的和平外交不断取得新的进展。至1959年，中国先后与挪威、荷兰、南斯拉夫、阿富汗、尼泊尔、埃及、叙利亚、也门、锡兰等国建立了大使级外交关系，同芬兰、瑞士、丹麦由公使级升格为大使级外交关系。从日内瓦到万隆会议表明，新中国在国际上的地位日益提高，并逐步走出"一边倒"的外交格局，在世界舞台上扮演着越来越重要的角色。

# 打开中美关系大门

---

神秘的华沙会谈。

小球推动地球。

基辛格秘密来华。

尼克松:"改变世界的一周"。

进入 20 世纪 70 年代,国际形势发生了巨大变化。根据新形势的发展,毛泽东、周恩来审时度势,及时调整外交政策,采取一系列机动灵活的措施,使我国的对外关系出现良好的转机,开创了外交工作新局面。其中关键性的一环,是打开中美关系的大门。

## 神秘的华沙会谈

在打开外交新格局中,最重要的变化是中美关系开始走上正常化的道路。在这一历史性的进程中,中国人民的老朋友埃德加·斯诺又有幸成为传递一种重要的外交信息的载体。1970 年 12 月 26 日,《人民日报》头版刊出毛泽东在天安门城楼上和斯诺的合影,以含蓄的方式向美国发出赞成中美实现高层对话的信息。

长期处于对抗状态的中美关系出现这样戏剧性的转折,是整个国际形势发展变化的结果。那时候,苏联正在咄咄逼人地向外扩展势力,在美国看来，改善中美关系可以增强它同苏联抗衡的力量。"当我们展望将来的时候，我们必须认识到中华人民共和国政府同美国政府之间存在巨大的分歧。将来我们之间仍将存在分歧。但是，我们必须做的事情是寻找某种办法使我们可以有分歧而又不成为战争中的敌人。"在中国看来，改善中美关系可以适应抗御苏联威胁的需要，有助于逐步解决台湾问题，也便于扩大中国的国际交往。

美国总统尼克松入主白宫前后，毛泽东和周恩来敏锐地察觉到尼克松发出的一系列值得注意的希冀同中国走向和好的信号，包括美国政府宣布放宽对华贸易限制，反对苏联方面提出的旨在孤立中国的建议，下令停止美驱逐舰到台湾海峡巡逻等。对于这一切，毛泽东和周恩来当然是乐于看到的，并也在寻求中美关系突破的切入点。不久，周恩来兴奋地报告毛泽东："找着门道了，要来敲门了，拿到敲门砖了。"这块敲门砖就是中国驻波兰大使馆的一份电报。

1969 年 12 月 3 日，在波兰首都华沙文化宫举办的南斯拉夫时装表演会上，美国驻波兰大使斯托塞尔看到中国临时代办雷阳离席，便尾随跟出，试图同雷阳搭话。不料中国临时代办却走出会场，坐进轿车，准备离开。美国大使情急中不顾外交礼仪，一把拉住雷阳的翻译，用波兰语说：他得到华盛顿的指示，准备恢复同中国大使馆的联系。中方翻译有礼貌地答应代为转达后，便匆匆离去。

事情发生在华沙，并不是偶然的。长期以来，华沙一直是中美两国进行官方正式接触的地方。1955 年的第一次中美大使级会谈就在这里举行。1967 年 3 月，已经进行了 130 多次的中美华沙会谈暂告中止，中美官方接触的渠道也随即中断。尼克松就任美国总统以来，美国开始调整对华政策，向中国方面发出一系列"信息"，表示愿意同中国对话，并多次声明将把改善美中关系作为美国政府的外交目标之一。中苏两国总理的北京机场会晤以及随后举行的中苏边界问题谈判，更促使美方下决心加快美中接触的步伐。正是在这种情况下，发生了美国大使追赶中国外交官的一幕。

手握敲门砖，中国政府也发出了积极的回应信号。1969年11月16日，周恩来致信毛泽东："尼克松、基辛格的动向可以注意。"12月4日，周恩来批准外交部关于释放两名乘游艇进入中国海域的美国人的报告，并通知美国驻波兰大使斯托塞尔。几天以后，斯托塞尔应邀到中国驻波兰大使馆同中国临时代办雷阳会晤，成为第一个进入新中国驻外使馆的美国大使。12月底，经过毛泽东、周恩来反复考虑，终于批准恢复中断了近三年的中美华沙会谈。

重新恢复的中美大使级会谈定于1970年1月20日在华沙举行。会谈前，周恩来逐字逐句地审阅修改中方的发言稿，并且注明：在我方发言后，美方如重提美与台湾有条约关系，我应以"美蒋条约"是全中国人民所不承认作答；美方如询更高级会谈或其他途径何所指，可答以美国政府如对此感兴趣，可提出方案，也可在大使级会谈中双方商定出方案。

不久，巴基斯坦方面传来美方口信：尼克松准备开辟一条白宫通向北京的直接渠道，以便在绝对保密的情况下，"保证完全的自由的决断"。周恩来一看就明白了。他阅后批道："尼克松想采取对巴黎谈判办法，由基辛格秘密接触。"这里的巴黎谈判是指关于越南问题的谈判。

这以后，事情发生了一些波折：因为美国支持柬埔寨朗诺集团发动政变，推翻西哈努克亲王领导的王国政府，美国军队入侵柬埔寨，激起印度支那三国人民抗美救国斗争的高潮。为了支持印度支那三国人民，中国方面连续两次推迟中美华沙会谈。6月底，尼克松政府被迫决定把美国军队撤出柬埔寨。此后，美国又恢复了打破中美关系僵局的努力。10月初，尼克松向美国《时代》周刊记者说："如果我在死以前有什么事情可做的话，那就是到中国去。如果我去不了，我要我的孩子去。"

1970 年 10 月下旬，尼克松先后会见访问美国的巴基斯坦领导人叶海亚和罗马尼亚领导人齐奥塞斯库，表示愿意派一高级使节秘密访问中国。在欢迎齐奥塞斯库的宴会上，尼克松还以美国总统的身份，第一次使用了"中华人民共和国"的名称，这被认为是"意味深长的外交信号"。

12 月 18 日，毛泽东会见老朋友埃德加·斯诺。谈到中美关系时，毛泽东告诉斯诺：尼克松早就说要派代表来，他对于华沙那个会谈不感兴趣，要当面谈。如果尼克松愿意来，我愿意和他谈，谈得成也行，谈不成也行，吵架也行，不吵架也行，当做旅游者来也行，当做总统来也行，总而言之，都行。"我看我不会同他吵架，批评是要批评他的。" 26 日，毛泽东在天安门城楼上和斯诺的合影上了《人民日报》头版。

这样，举行中美高级会晤的条件已渐趋成熟，等待着实现一次重大突破。

## 小球推动地球

1971 年 1 月 29 日，农历正月初三。

天安门西侧的中南海西花厅内，周恩来约见参加起草《中日乒乓球协会会谈纪要》的中方人员谈话，他皱起眉头批评道："后藤的《会谈纪要》草案已经很好了嘛！后藤先生很早就想来中国，你们对这样的朋友要求太过分了！你们不要那么'左'嘛！"

后藤钾二是日本乒乓球协会会长，长期致力于中日友好。鉴于第三十一届世界乒乓球锦标赛即将在日本名古屋举行，他专程来华邀请中国派团参加这次比赛。在后藤提出的作为两国乒乓球协会会谈基础的文本中，明确写有应当遵守"中日关系政治三原则"，即：一、反对"两个中国"；二、争取恢复邦交；三、促进中日友好。但会谈时，中方代表却坚

1971 年，毛泽东、周恩来邀请美国乒乓球队访华，被誉为"乒乓外交"。图为美国乒乓球运动员游览长城。

持把台湾问题写入《纪要》，并主张将"政治三原则"的文字放在纪要的第一条。这时中日关系还没有正常化，日本国内情况也比较复杂，后藤感到为难，希望中方能够理解他的处境。由于双方相持不下，《纪要》一时难以定稿。

在这种情况下，周恩来把中方会谈人员找来，严厉地批评他们的做法。他说：会谈要看对象，台湾问题在这里没有必要提，你们不要给后藤先生出难题。"中日关系政治三原则"还是按日方原来提的，放在第二条，而不必改为第一条。并指出要把《纪要》中"所有吹嘘的话通通去掉"。

在周恩来直接指导下，《中日乒乓球协会会谈纪要》于 2 月 1 日在北京签字。随后，中国乒乓球代表团组成，正式向第三十一届世界乒乓球锦标赛组委会报名参赛。

3月28日至4月7日，中国乒乓球队如期赴日参赛，一举荣获四项冠军，使世界乒坛为之震动。在短短几天时间里，中国运动员同美国运动员进行了友好接触，在日参赛的美国队向中方提出访华的请求。

4月3日，外交部、国家体委就美国乒乓球队访华问题写报告给周恩来，认为目前时机还不成熟。4日，周恩来将报告送毛泽东审批。经过反复考虑，毛泽东在7日作出邀请美国乒乓球队访华的决定。周恩来立刻告诉外交部电话通知在日本的中国代表团，正式向美方发出邀请。当中国代表团负责人宣布这一富有象征性含义的消息后，立刻引起轰动，日本各大报纸都在头版头条登出消息，报道中美之间的"乒乓外交"。周恩来兴奋地在转给毛泽东的一份报告上写道："电话传过去后，名古屋盛传这一震动世界的消息，超过三十一届国际比赛的消息。"当晚，周恩来向出席全国旅游和援外工作会议的代表宣布：从今天起，我们展开了新的外交攻势，首先从中国乒乓球队开始。

一星期后，周恩来在北京接见刚刚来到中国的美国乒乓球队代表团全体成员。他说："中美两国人民过去往来是很频繁的，以后中断了一个很长的时间。你们这次应邀来访，打开了两国人民友好往来的大门。"会见中，美国队员格伦·科恩向周恩来询问他对美国青年中流行的"嬉皮士"的看法。周恩来回答说："现在世界青年对现状有点不满，想寻求真理。青年思想波动时会表现为各种形式。但各种表现形式不一定都是成熟的或固定的。""按照人类发展来看，一个普遍真理最后总要被人们认识的，和自然界的规律一样。我们赞成任何青年都有这种探讨的要求，这是好事。要通过自己的实践去认识。但是有一点，总要找到大多数人的共同性，这就可以使人类的大多数得到发展，得到进步，得到幸福。"周恩来的好客、谦逊和睿智的风度，给第一次来到这块被认为是"神秘国土"的美国人以深刻印象，并引起全世界舆论的关注。

"乒乓外交"取得了"小球推动地球"的戏剧性效果，加快了实现中美高级接触的进程。

## 基辛格秘密来华

1971 年 4 月 21 日，周恩来通过中国驻巴基斯坦大使馆向美国政府递交《周恩来总理给尼克松总统的口信》："要从根本上恢复中美两国关系，必须从中国的台湾和台湾海峡地区撤走美国一切武装力量。而解决这一关键问题，只有通过高级领导人直接商谈，才能找到办法。因此，中国政府重申，愿意公开接待美国总统特使基辛格博士，或美国国务卿甚至美国总统本人来北京直接商谈。"29 日，尼克松获悉后，先以口头方式回复中方，表示接受邀请。5 月 17 日，美方又通过巴基斯坦驻美大使正式答复中方：尼克松总统"准备在北京同中华人民共和国诸位领导进行认真交谈，双方可以自由提出各自主要关心的问题"。并提议："由基辛格博士同周恩来总理或另一位适当的中国高级官员举行一次秘密的预备会谈。基辛格在 6 月 15 日以后来中国。"

5 月 25 日，周恩来召集外交部核心小组领导成员开会，研究尼克松的答复口信。第二天，根据毛泽东的意见，他又主持中央政治局会议，商讨中美会谈的方针问题。会后，周恩来起草了《中央政治局关于中美会谈的报告》。《报告》回顾了第二次世界大战以来中美关系演变的过程，估计了同基辛格的预备性会谈和尼克松的访问可能出现的各种情况，并拟出相应的对策。《报告》的核心内容是关于中美会谈的基本方针，即：

美国一切武装力量和专用军事设施，应规定限期从中国台湾省和台湾海峡撤走；台湾是中国的领土，解放台湾是中国的内政，不容外人干涉；中国人民力争和平解放台湾；中国政府和人民坚决反对进行"两个中国"

或"一中一台"的活动；美国如欲同中国建交，必须承认中华人民共和国是代表中国的唯一合法政府。

29 日，毛泽东批准《中央政治局关于中美会谈的报告》。同一天，中方向尼克松发出口信，欢迎基辛格来北京同中国领导人举行秘密会晤。6 月 2 日，尼克松接到口信后兴高采烈，称：这是第二次世界大战以来，美国总统所收到的最重要的信件。

1971 年 7 月 9 日中午，尼克松总统的国家安全事务助理基辛格一行在中方有关人员陪同下，乘坐巴基斯坦民航公司的飞机秘密抵京。基辛格在北京逗留了 48 个小时。在这期间，73 岁的周恩来同这位 48 岁的博士举行了六次总计 17 小时的会谈。双方着重就台湾问题及尼克松访华时间等进行磋商。周恩来重申：台湾历来就是中国的领土，台湾问题是中国的内政，不容外人干涉；美国必须承认台湾是中国的一个省，必须限期撤走驻台美军，必须废除美蒋"共同防御条约"。基辛格表示：美国承认台湾属于中国，希望台湾问题和平解决；美国不再与中国为敌，并随着美中关系的逐步改善减少驻台美军；美蒋共同防御条约可以解除。

经协商，中美双方对尼克松总统访华一事达成了协议，于 7 月 16 日发表了公告：

> 尼克松总统表示希望访问中华人民共和国，周恩来总理代表中华人民共和国政府邀请尼克松总统于 1972 年 5 月以前的适当时间访问中国。尼克松总统愉快地接受了这一邀请。

中美两国领导人的会晤，是为了谋求两国关系的正常化，并就双方关心的问题交换意见。

7 月 18 日，经周恩来审阅修改的外交部就关于中美关系的方针问题发给各驻外机构的《通报》强调：在处理中美关系以及其他国际事务方面，"将坚持既定的原则立场，绝不会拿原则做交易"。

同一天周恩来接见法国议会代表团时，进一步阐明了中国政府的原则立场：中美谋求两国关系正常化，不是没有障碍的。中美之间最大的问题是台湾问题。又说，联合国只要出现"两个中国""一中一台"，或者类似的形式，我们就不去，坚决不去。

10月20日至26日，基辛格"为尼克松总统访华作基本安排"而第二次访华。才处理完林彪事件不久的周恩来，顾不上已持续一个多月的紧张和疲惫，又全力以赴地投入到繁重的外交事务当中。根据美方要求，这次中美会谈将同时安排各种级别的对口会谈和有关活动。为此，周恩来事先逐一审定，落实了外交部提出的各项方案。

基辛格访华的一星期内，周恩来同他进行了10次会谈，除商定尼克松访华日期和讨论其他国际问题外，双方主要就尼克松访华的中美联合公报交换意见。事前，美方并没有说要发表联合公报，中方没有预做准备。当周恩来看过美方提出的公报草案后，表示不能接受，因为这个公报草案仍沿袭一般联合公报的写法，掩盖彼此之间的分歧，回避实质性的问题，是一个用漂亮辞藻粉饰起来的貌似观点已取得一致的公报。同时，周恩来也没有否认美方草案中的可取之处。

周恩来指示有关人员起草对案，提议：可以按照过去同蒋介石达成协议的办法，各说各的，明确写出双方的分歧，同时也吸收美方可取之处，写出双方的共同点，以便共同遵循。在得到毛泽东认可后，中方起草出一份"各说各的"公报稿，其中将美方意见空出留待美方自己写。起初，基辛格感到中方对案"用词尖锐"，"立场都是以最不妥协的词句提出来的"，觉得难以接受。但冷静下来仔细研究后，发现这种"独出心裁"的方式或许能够解决他们的"难题"。经过反复会谈，美方终于同意中方关于联合公报的起草原则和基本内容，并提出修正方案和补充意见。26 日，双方就联合公报草案达成初步协议，遵循周恩来提出的"各说各的"原则创造出来的这种奇特的、"过去没有过的"外交公报草案，使基辛格再次感到"不虚此行"。

## "改变世界的一周"

1971 年 11 月 30 日，新华社受权发表公告宣布：中美两国政府商定，尼克松总统将于 1972 年 2 月 21 日开始对中国访问。从这时起，周恩来直接领导和部署接待尼克松的各项准备工作，包括宣传教育、安全保密、新闻报道等等，他都亲自研究布置，逐项落实。

在中美两国关系史上，第一次美国总统来华访问，是举世瞩目的大事。由于缺乏经验，在接待工作中，稍有疏忽就可能在国际上产生不利影响。周恩来首先明确地规定这次接待工作的基本原则。12 月 2 日，他对参加接待尼克松来华准备工作会议的有关负责人强调说：我们是主权国家，凡事不能触犯我国主权。对尼克松总统的接待，一定要反映出无产阶级的原则、作风和严格的纪律，一切事情有条不紊，实事求是，行不通的就改正，行得通的就认真办好。对外宣传上注意不要夸大，不要过头。经周恩来确定的接待工作的总方针是："不冷不热，不亢不卑，待之以礼，不强加于人。"

1972 年 1 月初，美国总统国家安全事务副助理黑格率先遣组来华，为尼克松访华进行技术安排。周恩来召集会议进行研究，原则同意美方提出的通过卫星转播尼克松在华活动实况，决定由中国政府出资买下供美方使用的通信设备，然后租给美方使用。周恩来这样解释说：在主权问题上，我们一点不能让。美方原来说他们自己带通信设备，不要我们付费。

我们说，这不行，我们是主权国家，我们买过来，租给你们用，你们付费。这样一方面维护了我们的主权，另外我们在跟他们使用时总能学到一点技术。

对某些观点和提法，周恩来的反应更为敏锐。1月6日，他答复黑格转达的美方口信时指出：美方对中国的"生存能力"表示怀疑，并声称要"维护"中国的"独立"和"生存能力"的说法，令人惊讶。中国认为，任何国家决不能靠外力维护其独立和生存，否则只能成为别人的保护国或殖民地。社会主义的新中国是在不断抗击外来侵略和压迫的斗争中诞生和成长起来的，并一定会继续存在和发展下去。

2月21日中午，尼克松总统和夫人，美国国务卿罗杰斯、美国国家安全事务助理基辛格等一行人乘专机抵达北京。周恩来、叶剑英、李先念、郭沫若、姬鹏飞等到机场迎接美国客人。尼克松走下舷梯，将手伸向周恩来。当两只手握在一起时，全世界都看到了这一历史性的时刻。尼克松事后写道："当我们的手相握时，一个时代结束了，另一个时代开始了。"周恩来对尼克松说："你的手伸过世界最辽阔的海洋来和我握手——二十五年没有交往了啊！"下午，周恩来陪同毛泽东会见尼克松、基辛格。在一个多小时的会谈中，把此次中美高级会晤的"基本方针都讲了"，气氛认真而坦率。

晚上，周恩来在人民大会堂为尼克松总统和夫人举行欢迎宴会。席间，周恩来在祝酒词中说：尼克松总统应邀来访，"使两国领导人有机会直接会晤，谋求两国关系正常化，并就共同关心的问题交换意见，这是符合中美两国人民愿望的积极行动，这在中美两国关系史上是一创举"。"中美两国的社会制度根本不同，在中美两国政府之间存在着巨大的分歧。但是，这种分歧不应当妨碍中美两国在互相尊重主权和领土完整，互不侵犯，互不干涉内政，平等互利和和平共处五项原则的基础上建立正常的国家关系，更不应该导致战争。"我们希望，通过双方坦率地交换意见，弄清楚彼此之间的分歧，努力寻找共同点，使我们两国的关系能够有一个新的开始。"

尼克松在华期间，周恩来同他进行了五次会谈，主要就国际形势和双边关系问题交换看法。尼克松在重申美方对处理台湾问题的原则（即只有一个中国、台湾是中国的一部分，不支持、不鼓励"台湾独立"，逐步实现从台湾撤军等）的同时，又强调美方在政治方面仍有"困难"，希望在他第二届任期内完成中美关系正常化，周恩来一针见血地指出："还是那一句话，不愿意丢掉'老朋友'，其实老朋友已经丢了一大堆了。'老朋友'有好的，有不好的，应该有选择嘛。"又说："你们希望和平解放台湾"，"我们只能说争取和平解放台湾。为什么说'争取'呢？因为这是两方面的事。我们要和平解放，蒋介石不干怎么办？""我坦率地说，就是希望在你（下届）任期内解决，因为蒋介石已为时不多了。"

由于双方在台湾问题上存在的分歧，直到2月25日下午，中美联合公报中关于台湾问题的措辞仍没有确定下来。这时，美方已在担心，如果公报不能发表，尼克松的访华成

○—◦ 周恩来同尼克松就中美两国关系正常化进行了讨论。1972年2月28日，中美双方在上海发表了联合公报。图为2月27日，周恩来批示印发的公报标准本底稿首页。

果便无法体现。在这种情况下，周恩来告诉美方：反正双方观点已经接近了，我们也报告了毛主席，说已商定要写最后从台湾撤军的问题，但还要设法用双方都能接受的最佳措辞表达。基辛格马上表示：我们十分欣赏中方所表现的慷慨和公正的精神。当晚，周恩来出席尼克松总统和夫人举行的答谢宴会。由于公报尚未定稿，不一定能够发表，周恩来在宴会致词中只讲了中美之间的分歧，而没有讲共同点。

2月26日凌晨，双方对中美联合公报的内容基本谈定。经过一番文字推敲和修改后，在27日定稿，28日，中美《联合公报》在上海发表。公报里美方关于台湾问题的措辞为：

美国方面声明：美国认识到，在台湾海峡两边的所有中国人都认为只有一个中国，台湾是中国的一部分。美国对这一立场不提出异议。它重申它对中国人自己和平解决台湾问题的关心。考虑到这一前景，它确认从台湾撤出全部美国武装力量和军事设施的最终目标。

周恩来不久后谈道：这是中美会谈中争论最多的一段。从北京争到杭州，从杭州争到上海，一直到27日下午3时才达成协议。这段第一句话是基辛格贡献的，我们挖空心思也没有想出来。这样人民的意见也表达出来了，所以博士还有博士的好处。我们原来提"台湾是中国的一个省"，蒋介石也是这么说的，但美方坚持要改"一部分"，因为他们国内有人反对。我们同意了，因为"一个省"和"一部分"是一样的。"美国对这一立场不提出异议"一句中的"立场"二字也是美方提出的。争论的一个关键问题是，我们要使它尽可能确切承认台湾问题是中国人之间的问题。他们提种种方案，要我们承担和平解放台湾的义务，我们说不行。我们要他承担从台湾全部撤军为最终目标。有人问，"美蒋条约"为什么不写上？你写上废除"美蒋条约"，他就要写上保持"美蒋条约"义务，这就不利了。军事设施都撤走了还有什么"条约"？所以抓问题要抓关键性的，有些关键性措辞要巧妙，使他们陷于被动，我们处于主动。

我们一直坚持两条原则，一个是在中美两国之间实行和平共处五项原则，一个是美国从台湾和台湾海峡撤军。这就等于取消了"美蒋条约"，让中国人民自己解决台湾问题。尼克松上台以后，情况有变化，时代也在前进。我们如果还是只有原则性，没有灵活性，就不能推动世界的变化。外电评论说，这个公报是个奇特的公报，双方的原则和立场截然不同，关于台湾问题的立场也不同，但也找到一些共同点。前面有十一个共同点。所以这个文件是过去没有过的，过去所有外交公报都没有把双方尖锐对立的立场写出来。我们把分歧写出来，在国际上创造了一个风格。

这份来之不易的中美《联合公报》的发表，标志着中美关系开始走向正常化。尼克松显得心情格外舒畅。在上海市为他送行的宴会上，他发表即席讲话说，此次访华的一周，是"改变世界的一周"。

# 重返联合国

———

美国力图保持台湾在联合国的席位。

在联合国美国的指挥棒不灵了。

"我们胜利了！"

1971 年 10 月 25 日晚上，第二十六届联合国大会以压倒多数表决结果通过决议，恢复中华人民共和国在联合国的一切合法权利，并立即将台湾蒋介石集团的代表从联合国的一切机构中驱逐出去。

1971 年 10 月 25 日，第二十六届联合国大会通过决议，恢复中华人民共和国在联合国的合法席位。图为五星红旗在纽约联合国总部前升起。

表决刚一结束，纽约联合国会议大厅里立刻一片沸腾，雷鸣般的掌声和欢呼声一浪高过一浪，此起彼伏，经久不息。支持中国的国家代表纷纷起立，高举双手用不同的语言欢呼："我们胜利了！"新闻媒介评论道："中国是在自己不在场的情况下，受到联大三分之二以上国家的祝福，使联合国发生根本变化。"

中国是联合国的创始会员国，也是安全理事会五个常任理事国之一。新中国成立后，以美国为首的西方势力百般阻挠恢复中华人民共和国在联合国的合法席位，致使这一席位长期被在台湾的国民党当局所窃据。建国二十多年来，中国政府始终不渝地为争取恢复新中国在联合国的合法权利而努力。1970年第二十五届联合国大会上，支持恢复中华人民共和国在联合国合法席位的提案第一次获得半数以上国家的赞同，但因不足三分之二多数而仍未能通过。在形势越来越有利于中国的情况下，周恩来同美国著名记者埃德加·斯诺谈话时表示：如果联大会议同意恢复我们的合法席位，同时驱逐台湾，当然我们对此要进行考虑。

1971年10月25日，第二十六届联合国大会通过决议，恢复中华人民共和国在联合国的一切合法权利。图为决议通过时，会场一片欢腾。

作为美国方面来说，由于形势的发展变化，已使它越来越难以操纵联合国。这就迫使它不得不改变过去的政策，承认台湾属于中国，甚至表示要在联合国支持恢复中华人民共和国的合法席位，但同时反对驱逐台湾当局的代表。这种做法的实质，就是主张在联合国搞"两个中国"或"一中一台"。

1971年8月2日，美国国务卿罗杰斯发表《关于中国在联合国的代表权问题的声明》，将"两个中国"的方案公开抛出。以后，美、日等国又提出所谓"重要问题案"及"双重代表权案"，力图保持台湾当局在联合国的"席位"。

周恩来十分关注第二十六届联大的情况。8月21日，他接见回国大使及外交部、对外贸易部、对外经济联络部、中央对外联络部、总参二部等部门负责人，宣读和解释外交部20日批驳美国政府提案的声明。当他问及与会者，美国为在联合国制造"两个中国"曾经同哪二十个国家开会时，被问者大多答不上来。周恩来当场批评说：我真有点恼火，你们报纸也不看，参考也不看，外交战线这个样子不行啊。随即，他逐一地举出这二十个国家的名字，并分析道：从这个名单里，可以看出战后美国国际地位的下降。

11月15日，中华人民共和国代表团出现在联合国大厦。在纷纷登台致词欢迎中国代表团的发言者中，以亚、非、拉地区国家的代表最引人注目。他们一篇篇热情洋溢的讲话，表达了这些国家对新中国的炙热感情。

中华人民共和国如此迅速地恢复在联合国的合法席位，也出乎中国领导人的意料。联大通过表决后不久，周恩来向一位美国友人表示：那天联合国的表决完全出乎意料，不但出乎我们的意料，也出乎美国的意料。我们没有派一个人去联大活动，而且提案国是由地中海两岸的两个国家带头的。这么多的国家对我们寄予希望，我们感谢它们。第二天，周恩来又对来访的日本客人讲：这么一件大事，全世界都在注意，我们没有准备好是事实。它说明一个问题，就是在联合国美国的指挥棒不灵了。这次表决的结果是违反美国的意愿的，也是违反一向追随美国的日本佐藤政府的意愿的。我们不能不重视这一表决的精神，因为它反映了世界大多数国家和人民的愿望。

新中国在第二十六届联大上的胜利，归根到底是坚持世界上只有一个中国即中华人民共和国的原则的胜利；同时，也是美国及其追随者长期推行"两个中国""一中一台"政策的失败。这个事实，又反过来促使更多国家谋求同中国关系正常化。毛泽东、周恩来审时度势，牢牢把握住这一历史契机，加速打开了全新的外交格局。

# 正式放弃对日索赔

———

战后中国政府提出日本应该进行战争赔偿。

中国将谋求中日邦交正常化作为主要目标。

周恩来：日本人民是无罪的，中国丝毫无意要求日本进行战争赔偿。

中国政府放弃对日索赔，是由当时国内国际多方面的因素所决定的，归根到底还是"一切向前看"，为了中日两国的长期友好。

## 中国政府声明日本理应进行战争赔偿

1952年日本与台湾当局在所谓的"日台条约"里虽然就战争赔偿问题作过规定，但由于该条约的非法性，中国政府从未予以承认。

战后初期，中国共产党主张中国依据《波茨坦公告》的有关规定向日索赔。中华人民共和国成立后，1951年8月15日，周恩来总理发表的反对美国单独对日媾和声明中也指出："中华人民共和国中央人民政府愿意看到日本能够健全地发展和平经济，并恢复中日两国间的正常贸易关系，使日本人民的生活不再受战争的威胁和损害而得到真正改善的可能，同时，那些曾被日本占领，遭受损害甚大而自己又很难恢复的国家应该保有要求赔偿的权利。"

中国政府虽然提出日本应该进行战争赔偿，但1951年9月美国在将中华人民共和国排斥在外的情况下一手操纵了旧金山对日媾和会议，使中国丧失了通过普遍和约的形式结束敌对状态，解决战争赔偿问题的机会。

## 将谋求中日邦交正常化作为主要目标

旧金山和会后，日本追随美国敌视新中国，于1952年与台湾当局签订了所谓双边"和约"，这就给中日邦交正常化设置了严重障碍。有鉴于此，中国政府在对日政策上将谋求中日邦交正常化作为主要目标。中国首先是通过民间外交来为两国关系正常化创造条件。1952年2月，即将出席于4月在莫斯科召开的国际经济会议的中国代表团团长南汉宸致函日本国际经济恳谈会，表示愿与日本代表在会议期间进行有关国际贸易方面的商谈，对方表示同意。在苏联，中日双方代表协商确定在平等、互利、和平、友好的基本方针下开展中日贸易。5月间，日方三位代表应中国邀请来中国进一步商谈，并于6月1日签署了第一个中日民间贸易协定，这样打开了中日民间交往的大门。

为了进一步争取日本对新中国的理解和了解，1953年中国还积极主动地致力于在华日侨的归国工作，并负担了日本侨民抵达港口以前的一切费用。中国在日本归侨问题上的积极态度深得日本国内的赞许，一时日本要求改善中日关系的呼声很高。1953年10月以池田正之辅为团长的日本国会议员促进日中贸易联盟代表团应邀来华，双方签订了每方进出口总额为3000万英镑的中日第二次民间贸易协定。

1954年底，吉田下台，继任的鸠山对改善中日关系持积极态度。1955年3月，中国贸易代表团应邀访日。5月4日，双方签订了第三次协定，实现了民间协议与官方挂钩的目的。

在中日关系出现较好势头的情况下，中国政府曾希望在鸠山任内实现中日邦交正常化。为了争取日本，中国以宽大为怀，于 1956 年 4 月决定对关押的日本战犯按照宽大政策进行处理；1956 年 6 月，宣布对 1017 名日本战犯免予起诉，分批释放回国，对 45 名罪行特大的战犯也分别从宽判处了徒刑，并同意日本亲属在其服刑期间可以来华探视。

另外，当时中国政府为了进一步推动中日邦交正常化，已初步有了放弃要日本进行战争赔偿的打算。据原中国人民解放军军事法院副院长袁光回忆，他们在起草有关审判日本战犯的决议时，"有的同志提出，日本侵略中国，给我们造成了很大损失和灾难，坚持要在决议中写上要求日本政府向中国赔款"。当时他们都认为，"既然苏联等国在第二次世界大战结束后向纳粹德国提出赔偿战争损失问题，苏联红军进入东北，也没收了日本在东北的资产和财物，我们要求日本赔偿，也是理所应当的"。他们将此想法向周恩来总理作了汇报，周总理听完我们的汇报后，当场明确地指示我们："这个款，不要赔了，赔款还不是日本人民的钱，政府还能拿出钱来吗？"1956 年 11 月，日中友好协会第一任会长、原参议院副议长松本治一郎应中国人民对外文化协会邀请参加在北京举行的孙中山诞辰 90 周年纪念活动，其间周恩来总理在与松本治一郎的一次谈话中再次表明："日本人民是无罪的，中国丝毫无意要求日本进行战争赔偿。"

1957 年 2 月，岸信介上台后推行亲台湾当局、敌视大陆的恶化中日关系的政策，并竭力鼓吹台湾反攻大陆，阻挠第四次中日贸易协定的签订，使已经得到一定程度发展的中日关系蒙上了阴影。

1960 年 6 月，岸信介下台，中日关系又出现了转机，进入了"半官半民"阶段，这一时期中国高层领导人对实现邦交正常化中的战争赔偿问题已基本上明确了要放弃的立场。

1961 年 6 月，周恩来在接见溥杰夫妇（溥杰之妻为日本人）时说："我们应该向前看，应该努力促进中日两国的友好关系，恢复邦交，发展经济文化交流，我们并不总盯着过去的事情。"

1964年6月，国务院副总理兼外长陈毅在回答日本东京广播报道局长桥本博"在恢复中日邦交时当然会出现赔偿问题，对于日本的赔偿问题是怎么想的"这一问题时，回答道："中国人民在日本军国主义侵略中国的战争期间，曾经遭受了巨大的损失。对此，中国人民有权要求赔偿。但是，战争已过去快20年了，现在中日两国连和平条约都还没有缔结，这个问题从何谈起，中国政府和中国人民对待中日关系，从来是向前看，而不是向后看。目前中日两国政府需要共同努力来解决的，首先是如何促进两国关系正常化的问题，如果日本政府尊重日本人民的愿望，就应该有诚意、有准备、有步骤地来解决中日两国邦交正常化的大问题。当两国邦交恢复时，其他具体问题是容易通过友好协商加以解决的。"

## 实现中日邦交正常化

进入70年代后，中日实现邦交正常化的形势日趋成熟。从国际上看，中美两国出于各自的战略考虑正开始接近。1971年10月第二十六届联大通过决议恢复了中华人民共和国在联合国的席位，中国的国际地位空前提高。在此大背景下，日本各阶层人民要求恢复中日邦交的呼声也日渐高涨，中国提出的中日复交三原则（中华人民共和国政府是代表中国的唯一合法政府；台湾是中华人民共和国领土不可分割的一部分；"日台条约"是非法、无效的，应予废除）日益得到了日本人民广泛的赞同。

1972年7月，敌视中国的佐藤荣作下台，田中角荣组成新内阁。田中上台伊始，在7月7日首次内阁会议上就表示要加紧实现同中华人民共和国的邦交正常化。对于田中的态度中国立即作出积极反应。7月9日，周恩来在欢迎也门民主人民共和国政府代表团的讲话中表示："田中内阁

7日成立，在外交方面声明要加紧实现邦交正常化，这是值得欢迎的。"

7月18日，田中内阁通过了对在野党国会议员提出的中日关系问题所作的答复，表示充分理解中方提出的恢复中日邦交三原则。8月11日，日本大平外相在会见中

田中角荣送给周恩来的杉山宁绘画《韵》

国上海舞剧团团长孙平化和中日备忘录贸易办事处驻东京联络处首席代表肖向前时正式转告，田中首相要为谈判实现中日邦交正常化访问中国。

为了摸清中国政府对邦交正常化问题的全面立场，1972年7月27日，日本公明党中央执行委员长竹入义胜担当了沟通中日政府之间的特殊使命。竹入来华后，在与周恩来的会谈中，周恩来将经过毛泽东同意的中方方案即拟议中的《联合声明草案》八项向竹入作了披露。这八项中的第七项是关于战争赔偿的条款，内容为："为了中日两国人民的友谊，中华人民共和国政府放弃向日本要求战争赔偿的权利。"这个条款使竹入很为震惊，据竹入自己回忆，当他听到这一条时"已经感到头昏脑涨了"。他后来回忆道："之后，周恩来总理问：'这是中方的考虑，田中能够接受吗？'我回答说，那还不知道，不过，为了实现中日邦交正常化我们会竭尽全力的。"

中国的草案经竹入带回日本后，日本对中国准备放弃对日索赔的善举并没有什么热烈的反响。相反，日本外务省经过研究，提出了若干疑问。他们认为"日台条约"里已经宣布了放弃向日本提出战争赔偿的权利，如果在中日联合声明中再次写入同样的内容，会被认为中国仍然具有这种权利，容易引起矛盾。因此，日方打算在中日谈判发表联合声明的时候要设

法避免提战争赔偿的问题。

1972年9月25日，日本首相田中角荣正式访华。当天下午在人民大会堂举行的第一次首脑会议上，中国正式表示放弃对日本的战争赔偿要求权。

但在26日上午双方外长会谈中，日本外务省条约局局长高岛坚持认为关于中国战争赔偿要求权利在"日台条约"附属议定书里已经得到了解决，所以此次没有必要再写进联合声明中。在当天下午双方举行的第二次首脑会议上，周恩来总理针对高岛的谬论严正地指出：当时蒋介石已逃到台湾，他是在缔结旧金山和约后才签订"日台条约"，表示所谓放弃赔偿要求的。那时他已不能代表全中国，是慷他人之慨。遭受战争的损失主要是在大陆上，我们是从两国人民的友好关系出发，不想使日本人民因赔偿负担而受苦，所以放弃了赔偿的要求。周恩来总理还强调说：过去我们也负担过赔偿，使中国人民受苦，毛主席主张不要日本人民负担赔偿，我向日本朋友传达，而高岛先生反过来不领情，说蒋介石说过不要赔偿，这个话是对我们的侮辱，我这个人是个温和的人，但听了这个话，简直不能忍受。

经过反复讨论，在中方的坚持下，最后日本还是同意了在联合声明中写进中国放弃对日索赔的内容，但在表述上则采取的是以中国单方面宣布的形式，而且将至关重要的"权利"二字从声明中删去。

9月29日，双方最后达成的声明关于战争赔偿问题的内容，首先是日本对战争的反省："日本方面痛感日本国过去由于战争给中国人民造成的重大损害的责任，表示深刻的反省"，然后在第五条里是中国单方面的声明："中华人民共和国政府宣布，为了中日两国人民的友好，放弃对日本国的战争赔偿要求。"至此，因日本在第二次世界大战期间侵略中国所致的中国对日本的战争赔偿要求问题，最终以中国方面的放弃基本上得到了解决。但应当指出的是，中国只是放弃了对日本国家间的赔偿要求，至于日本对中国人民的民间赔偿问题在联合声明中并未作任何规定。

田中角荣送给毛泽东的东山魁夷绘画《春晓》

中国政府作出这个决策的原因，大致可以从 1972 年中日邦交正常化前夕中央发出的内部指示中找到答案：

（1）中日邦交恢复以前，台湾的蒋介石已经先于我们，放弃了赔偿的要求，中国共产党的肚量不能比蒋介石还小。

（2）日本为了与我国恢复邦交，必须与台湾当局断交，中央关心日本与台湾的关系，在赔偿问题上采取宽容态度，有利于使日本靠近我们。

（3）如果要求日本对华赔偿，其负担最终将落在广大日本人民头上。这样，为了支付对中国的赔偿，他们将长期被迫过着艰难的生活，这不符合中央提出的与日本人民世代友好下去的愿望。

中国政府所提出的这三条理由的确代表了中国政府当时的真实想法，它既包括了中国放弃对日索赔的内在原因、外交策略，也有客观上存在的对日索赔的困难。

从内在原因来看，作为执政的中国共产党在对待资本主义国家时是把人民和统治者严格地加以区别的，具体对日本而言就是把日本人民和过去的军国主义者加以区别。这样，发动侵略战争是日本军国主义者所为，如果让日本对华进行战争赔偿，最终的负担必将落在日本人民身上，使无辜的日本人民背上战争赔偿的负担，这是中国人民所不愿看到的。

从外交策略来讲，70 年代初，对中国最大的威胁来自苏联。苏联在中国边境陈兵百万，中苏战争大有一触即发之势。非但如此，苏联还利用美日之间的矛盾加紧与美国争夺日本，企图在战略上全面包围中国。因此，对中国来讲，与日本的关系正常化必将有利于对苏联的牵制，减轻其对中国的威胁。鉴于当时日本国内反对中日邦交正常化的政治力量还很有势力，如果中国坚持要日本进行战争赔偿，势必在客观上助长反对中日友好和邦交正常化的势力，不利于实现中日邦交正常化这个大目标。此外，自从1952年日本与台湾当局签订"和约"以来，日本与台湾当局一直保持着"官方"关系，使台湾当局在国际舞台上有相当活动余地，如果我们通过放弃对日索赔，争取日本与中国迅速实现邦交正常化，日本必然要与台湾当局断绝外交关系，这对于解决台湾问题无疑也是有利的。因此，从外交策略上看，放弃对日索赔既有利于中国的国家安全也有利于国家的统一。

就中国对日索赔的实际困难而言，1952年在"日台条约"里台湾当局已经正式表示放弃对日本的战争赔偿权，虽然中国政府从来不承认"日台条约"的合法性，但该"条约"毕竟在日本是很有影响力的，如果中国政府在邦交正常化时提出对日索赔，必然会引起日本国内亲台、亲美势力的煽动和蛊惑，妨碍中日邦交正常化。因此，"日台条约"在客观上的确也给中国的对日索赔设置了一定的障碍。

1972年9月29日，中国政府和日本政府联合声明签字，并建立外交关系，实现了中日邦交正常化。

《中日和平友好条约》签订以来，尽管双方在某些问题上还有些分歧，但总的说来在主流上双边关系不断取得进展。中日关系的原则也发展为"和平友好、平等互利、相互信赖、长期稳定"，这四项原则成为发展两国关系的基础。

# 粉碎"四人帮"

———

毛泽东逐渐察觉并首先提出"四人帮"的问题。

毛泽东逝世后"四人帮"妄图篡党夺权。

华国锋、叶剑英等周密部署，对"四人帮"采取断然措施。


1976 年 10 月 6 日，华国锋、叶剑英等代表中央政治局，执行党和人民的意志，对江青、张春桥、王洪文、姚文元及其在北京的帮派骨干实行隔离审查，毅然粉碎了"四人帮"，结束了"文化大革命"这场灾难，为党和国家进入新的历史时期创造了条件。

## 毛泽东首先提出"四人帮"的问题

1973 年 8 月，中共十大召开。大会通过的由张春桥、姚文元、王洪文等负责起草的政治报告和党章中，没有正确地分析林彪事件发生的原因，总结必要的教训，反而肯定"九大的政治路线和组织路线都是正确的"；仍旧号召全党"坚持无产阶级专政下的继续革命"，坚持"无产阶级文化大革命"；还把"天下大乱，达到天下大治。过七八年又来一次"认定为"客观规律"，预言"党内两条路线斗争将长期存在"；把批判林彪的"极右实质"列为首要任务。

中共十大选举中央委员 195 人，候补中央委员 124 人。虽然江青集团的骨干分子更多地被选进党的中央委员会，江青、张春桥、姚文元、王洪文进入了中央政治局，王洪文当选为中央委员会副主席；但同时，一些在"文化大革命"中备受打击迫害，被排斥在九届中央委员会之外的老干部，如邓小平、王稼祥、乌兰夫、李井泉、谭震林、廖承志等，也得以重新进入中央委员会。周恩来、叶剑英当选为中央委员会副主席。

据在十大上当选为中央委员，并进入了中央政治局的北京市委书记吴德回忆，毛泽东当时对十大政治局的成员，尤其是对王洪文、张春桥、江青、姚文元是寄予了希望的。

当然，江青集团的政治地位虽然由于十大的召开得到了巩固，但他们夺取党和国家最高权力的野心和活动也逐渐暴露了，并且引起了毛泽东的高度警觉。据吴德回忆，毛泽东发现、批评并提出解决江青宗派集团的问题，有过多次指示。他记得比较清楚的有三次。

第一次是 1974 年 7 月 17 日，毛泽东召开中央政治局会议。

毛泽东说他要到外地去休息，向政治局请假。之后，毛泽东批评江青说："江青同志你要注意呢！别人对你有意见，又不好当面对你讲，你也不知道。不要设两个工厂，一个叫钢铁工厂，一个叫帽子工厂，动不动就给人戴大帽子。"毛泽东接着说："她并不代表我，她代表她自己。对她也要一分为二，一部分是好的，一部分不大好呢。"毛泽东指出："她算上海帮呢！你们要注意呢，不要搞成四人小宗派呢！"这一次，毛泽东在中央政治局内点明了江青等人的宗派问题。

第二次是 1974 年 10 月和 11 月，毛泽东对江青干预四届人大人事安排的批评。

1974 年 10 月，毛泽东批评王洪文："你回去要多找总理和剑英同志谈，不要跟江青搞在一起，你要注意她。"那时，毛泽东提议邓小平担任国务院第一副总理；中共中央决定召开第四届全国人民代表大会。

11月12日，江青给毛泽东写信，提议谢静宜任全国人大副委员长，乔冠华任副总理，迟群任教育部长，毛远新、迟群、谢静宜列席政治局，作为接班人培养。毛泽东在信上批示："不要多露面，不要批文件，不要由你组阁（当后台老板），你积怨甚多，要团结多数。至嘱。人贵有自知之明。又及。"

江青不听劝诫，又托王海容、唐闻生去长沙转达她对四届人大人事安排的意见，她提出：王洪文任副委员长，排在朱德、董必武之后。王海容、唐闻生向毛泽东报告了江青的意见以后，毛泽东一下戳穿，尖锐地指出："江青有野心，她是想叫王洪文做委员长，她自己做党的主席。"毛泽东提出朱德任委员长，董必武、宋庆龄任副委员长，周恩来继续任总理，邓小平任第一副总理，张春桥安排在邓小平之后。毛泽东对王海容、唐闻生的这个谈话，经毛泽东批准在政治局传达了。

第三次是1975年5月3日，毛泽东召开中央政治局会议，批评江青等人反经验主义，搞宗派活动，在"批林批孔"运动中搞"三箭齐发"，并且说明他们是"四人帮"。

毛泽东说："不要搞四人帮，你们不要搞了，为什么照样搞呀？为什么不和二百多个中央委员搞团结，搞少数人不好，历来不好。""我看批经验主义的人，自己就是经验主义，马列主义不多。""我看江青就是一个小小的经验主义者。"毛泽东还说："我看问题不大，不要小题大作，但有问题要讲明白，上半年解决不了，下半年解决；今年解决不了，明年解决；明年解决不了，后年解决。"这一次，毛泽东虽然说问题不大，但却作出了一个重要的指示，即不论时间多久，也要解决这个问题。正因为如此，中央政治局在5月3日以后，连续开了几次会议，大多数的政治局同志点名批评了"四人帮"。这是毛泽东首先提出了"四人帮"的问题，他对"四人帮"的批评和削权，为后来粉碎"四人帮"奠定了重要的基础。

○へ○ 1976 年清明前夕，北京近百万群众连续几天到天安门广场敬献花圈和朗诵诗词，悼念周恩来、声讨"四人帮"。天安门广场成为全国性抗议运动的中心。

## 毛泽东逝世后"四人帮"加紧活动

1976 年 1 月，周恩来逝世。

7 月 6 日，朱德逝世。

7 月 28 日，河北唐山发生大地震。

9 月 9 日凌晨，毛泽东逝世。

据吴德回忆，9 月 9 日当天，中央政治局在毛泽东住所（中南海游泳池处）召开紧急会议，讨论治丧问题。江青在会上大哭大闹，说毛泽东是被邓小平气死的，要求政治局立即作出开除邓小平党籍的决定。华国锋没有理会江青的无理要求。江青闹得太厉害，会议没法讨论问题了。后来，与会的大多数政治局委员，包括王洪文、张春桥、姚文元都认为治丧问题是当务之急。这样，会议才没有讨论江青提出的问题。

毛泽东逝世以后，江青每天都到毛泽东的住地，同毛泽东的秘书张玉凤纠缠，要张玉凤将替毛泽东保存的文件、档案交给她。在她的多次纠缠下，有两件毛泽东的谈话记录被她拿走了。汪东兴知道后，要回了被江青拿走的谈话记录稿，顶住了江青的胡缠。后来，中央决定将毛泽东的文件、档案封存。江青对此极为不满，同华国锋大吵大闹。

从 1975 年下半年开始，毛泽东病重，不能参加政治局会议，由毛远新以"联络员"的身份列席政治局会议，将会议情况向毛泽东报告。毛泽东逝世后，"联络员"的任务没有了。毛远新给华国锋写信，提出要回辽宁自己工作的岗位。华国锋接到信后，征求了江青的意见，江青当时没有反对。

政治局会议上，华国锋通报了毛远新回辽宁工作的事，"四人帮"一致反对。张春桥首先提出毛远新应留在中央，为即将召开的十届三中全会做准备。江青、王洪文、姚文元都支持张春桥的意见。江青还提了一条理由，说毛主席的文件、书信别人整理不了，处理毛主席家里的事情也离不开毛远新。华国锋说：毛远新现在还是回辽宁，将来中央开会，如果需要他参加工作，到时还可以再来。除"四人帮"外，与会的政治局委员一致赞成华国锋的意见。

但是，江青纠缠不休，说什么把毛远新留下来是属于毛主席家里的事情。对毛远新的去留问题，江青与华国锋不断争论。江青甚至说，她要与华国锋同志谈些家务事，别人不愿意听的可以不听。对此，吴德回忆说："那时，我们不愿意听她的无理纠缠，感到极度厌烦，就陆续离开了，记得汪东兴留下了。"

江青一直扯，扯她的所谓"家务事"，马拉松的会开到第二天早晨 5 点。华国锋捺着性子，只是耐心地听。最后，华国锋问江青讲完了没有，江青说讲完了。华国锋立刻宣布说："散会！毛远新还是要回辽宁。"江青的无理纠缠失效。

9 月 10 日，王洪文背着中央政治局和华国锋，指示中办的米士奇，以中办名义通知各省、市、自治区党委，在毛主席吊唁期间各省市发生的重大问题，要及时报告；在此期间有些解决不了的、需要请示的问题，要及时请示，各省、市、自治区的报告和请示，要直接找米士奇。9月11日和12日两天，米士奇分别给一些省、市打了电话，北京市没有接到这个电话通知。

湖南省委第二书记张平化接到电话后，认为这样做不符合组织原则，怀疑有问题。张平化立即打电话将此事报告了华国锋。华国锋根本不知道这个事情，他向一些省、市查询后，得知都接到了同样的电话。这就表明"四人帮"已在采取措施，架空、控制华国锋，企图直接指挥全国各地，进而夺取中央最高权力。

"四人帮"被篡党夺权野心所驱使，又有计划、有预谋地编造了一个"按既定方针办"的所谓毛泽东的临终嘱咐，他们利用被他们控制的宣传机构，将其写入9月16日的《人民日报》《红旗》杂志、《解放军报》社论中，广为宣传，将斗争矛头直接指向华国锋和政治局其他反对他们的同志。

面对"四人帮"的猖狂活动，时任中共中央副主席、中央军委副主席的叶剑英深感忧虑。他一面警惕地注视着"四人帮"的活动，一面与政治局委员及其他老同志个别接触，交换看法。陈云、聂荣臻、邓颖超等几位老同志都曾找过叶剑英，征求处置"四人帮"、扭转局势的意见。同时，叶剑英多方面了解华国锋的处境、主张和态度变化，多次主动找他交谈，分析局势，剖陈利害，坚定了华国锋同"四人帮"斗争的决心和信心。华国锋也主动找叶剑英、李先念等老同志交谈，沟通思想。

9月11日，华国锋借口身体不好，要到医院去检查。"四人帮"当时对华国锋的行动是很注意的，是紧紧盯住的。华国锋离开治丧的地方给李先念打了电话，说："我到你那里，只谈五分钟。"李先念说："你来吧，谈多长时间都可以。"

华国锋到李先念家，他一进门就说：我可能已被跟踪，不能多停留，说几句话就走。现在"四人帮"问题已到了不解决不行的时候。如果不抓紧解决，就要亡党、亡国、亡头。请你速找叶帅商量此事。华国锋说完后即匆匆离去。

其实，在这之前，华国锋已与叶帅谈过解决"四人帮"的问题。

李先念受华国锋委托后亲自给叶帅打电话说要去看他时，叶剑英在电话中问："公事，私事？"李先念说："公私都有，无事不登三宝殿。"叶剑英说："那你就来吧。"

9月13日，李先念到叶帅处转达华国锋的委托。为了避免被"四人帮"发现，李先念也采取了跟华国锋相似的办法，他先到香山植物园游览，没有发现异常情况后才去见叶帅。当时叶剑英非常谨慎，他没有与李先念商量如何解决"四人帮"的问题。此前，华国锋还在11日找了汪东兴商量此事，汪东兴的态度很明确，他表示了坚决支持华国锋解决"四人帮"问题的意见。

叶剑英为了商议解决"四人帮"的问题，曾两次到华国锋的家里。

据吴德回忆说，9月26日或27日的晚上，华国锋约李先念和他谈话，对解决"四人帮"的问题交换意见。

华国锋说：现在看来，我们同"四人帮"的斗争，已经不可避免，这场斗争关系到党和国家的命运，如果"四人帮"篡党夺权的阴谋得逞，就会断送我们党领导人民创建的社会主义事业，不知会有多少人人头落地，我们就是党和人民的罪人。

吴德也察觉到"四人帮"近来的一些活动不正常，表示支持华国锋的意见和所下的决心，并说解决的办法无非两种，一是抓起来，二是召开中央政治局会议用投票的办法解除他们担任的职务。吴德偏重主张用开会的办法来解决，说我们会有多数同志的支持，反正他们最多只有四张半的票。这个半票是指跟着"四人帮"跑的吴桂贤，当时是政治局候补委员，没有表决权。在政治局投票，我们是绝对多数。

接下来，他们分析了全国的形势，认为"四人帮"在群众中是孤立的，在军队里是没有力量的。他们还讨论了解决"四人帮"的时间问题。要认清"四人帮"的活动在加剧，不知道他们会有什么动作。吴德和李先念都同意华国锋提出的"早比晚好，愈早愈好"地解决"四人帮"的提议。

通过这次商量后，华国锋下了把"四人帮"抓起来进行隔离审查的最后决心。

## 周密部署，采取断然措施

华国锋、叶剑英找汪东兴谈过几次，具体研究了解决"四人帮"的办法。当时成立了两个小班子，一个准备有关文件，由李鑫负责；另一个负责对"四人帮"实施隔离审查，这个班子的人员是由汪东兴亲自从中办和中央警卫团挑选并个别谈话后组织起来的，大概有五十多个人，组成了几个行动小组，一个组负责抓一个人。

10月2日，华国锋到吴德的住处，就解决"四人帮"问题与吴德进一步商议。华国锋提出：把"四人帮"抓起来后，全国党政军民会有什么反应，应采取什么对策；北京市如何配合中央解决"四人帮"问题。

华国锋当时还问吴德："四人帮"在北京市有什么爪牙？吴德回答说：迟群、谢静宜、金祖敏等人，也该隔离。华国锋同意了，还说：首都不能乱，首都一乱，全国就有可能发生大问题。稳定首都的问题，由你负全责。

10月2日，吴德分别向倪志福、丁国钰打了招呼，明确告诉他们，中央要解决"四人帮"的问题，对他们隔离审查。华国锋曾问过吴德：北京卫戍区靠得住靠不住？吴德回答说：卫戍区司令员吴忠对"批邓"是不满的，对"四人帮"很反感。我是卫戍区的政委，了解吴忠的思想情况，在解决"四人帮"的问题上，我相信吴忠是会听从党中央的指挥，和我们一致行动的。经请示华国锋批准，吴德与吴忠进行了谈话，向他讲了中央解决"四人帮"的考虑和决心。吴忠向吴德保证说：北京的卫戍部队有能力保卫首都安全，请中央放心。与吴忠谈话后，吴德立即将情况向华国锋做了汇报。

华国锋说：新华社、人民广播电台、人民日报社、飞机场、邮电局等单位要由卫戍区控制起

粉碎"四人帮"后北京街头一景

来。卫戍区的部队要交由吴德负责。华国锋同时让吴德去找主持军委日常工作并任北京军区司令员的陈锡联解决北京卫戍区部队调动的问题。华国锋说，陈锡联是比较好的同志，他支持解决"四人帮"的问题。

10月4日下午，华国锋又把吴德找到他的住处，再一次全面地检查、研究了解决"四人帮"问题的各项准备工作。最后商定：

一、按华国锋、叶剑英、汪东兴已议定的方案，抓"四人帮"由汪东兴负责。具体做法是以召开政治局常委会会议为名，通知王洪文、张春桥、姚文元（因讲政治局常委会会议讨论毛选五卷出版问

题，名义上可以说要不是政治局常委的姚文元参加）到会，华国锋、叶剑英在中南海怀仁堂指挥，王洪文、张春桥、姚文元到后，由华国锋宣布他们的罪状，随即由汪东兴组织的人分别对其实施隔离。汪东兴派张耀祠到江青住处宣布政治局对她隔离审查的决定。

二、对迟群、谢静宜、金祖敏等人的隔离审查，由吴德和吴忠负责解决。

三、中南海内如果出现了意料不到的问题，由吴德组织卫戍区的部队支援。

四、由北京卫戍区把人民日报社、新华社、广播电台、中央机关以及由迟群、谢静宜控制的清华、北大等单位，用内紧外松的方式戒备起来，要再检查一遍落实的情况。

华国锋要求吴德守在电话机旁随时与他保持联系。

10月6日，吴德与北京市委第二书记倪志福、市委常务书记丁国钰、市委书记兼卫戍区司令员吴忠一起守在电话机旁。不到9点钟的时候，汪东兴来电话说一切顺利。第一个到怀仁堂的是王洪文，第二个是张春桥，均已被隔离起来。江青是由张耀祠带人去解决的。汪东兴在电话中说，只有姚文元现在还没有来，请即令卫戍区派人去抓。

姚文元不住在钓鱼台，他的住地是由卫戍区负责警卫的。接到汪东兴的电话后，吴德当即要吴忠亲自去解决。吴忠带着人到姚文元住地时，看到姚文元正坐车出来，车往中南海方向行驶。吴忠没有惊动姚文元，相机随着姚文元的车子到了中南海。姚文元进入怀仁堂后，也被实施隔离。

"四人帮"就这样顺利地被一举粉碎了。

当晚，华国锋通知中联部部长耿飚到怀仁堂接受任务。耿飚到怀仁堂后，华国锋、叶剑英指示他立即接管由姚文元等人领导、控制的新华社、中央广播事业局等新闻机关，夺回被"四人帮"控制的宣传、舆论阵地的领导权。隔离"四人帮"后，卫戍区部队将迟群、谢静宜、金祖敏等人也隔离审查了。当时，由市委办公室主任陈一夫以吴德的名义通知他们立即到市委开会，他们一到就被吴忠派人隔离了。

10月6日晚10点多钟，中央政治局在玉泉山叶剑英住地召开紧急会议。由于华国锋、叶剑英、李先念事先以不同方式将解决"四人帮"问题同绝大多数政治局委员和候补委员打了招呼，会议很快进入议程，选举新的党中央主席，讨论中央第16号文件。

政治局会议一致同意：

一、推选华国锋为党中央主席，待召开中央全会时予以追认。

二、通过〔1976〕第16号文件，文件内容是向全党、全军和全国人民通报党中央对"四人帮"隔离审查的决定和推选华国锋为党中央主席的决定。

# 真理标准问题讨论

---

寻找冲破"两个凡是"的"突破口"。

两股思考的力量聚合到一起。

胡耀邦审阅定稿《实践是检验真理的唯一标准》。

《实践是检验真理的唯一标准》发表后引发激烈交锋。

粉碎"四人帮"后,党和国家的正常秩序逐步得以恢复。但是,面对广大干部群众反映强烈的让邓小平重新出来工作和为天安门事件平反等要求,1977年2月7日,《人民日报》《红旗》和《解放军报》发表题为《学好文件抓住纲》的社论。这篇社论背离了大多数人的愿望,公开提出"两个凡是"方针,即:"凡是毛主席作出的决策,我们都坚决维护,凡是毛主席的指示,我们都始终不渝地遵循。"由于这一方针是以当时传达党中央声音的权威方式公布的,因而得到普遍宣传。"两个凡是"的推行,不仅压制了广大干部群众的正当要求,也为纠正"左"倾错误和拨乱反正设置了禁区。为冲破这个禁区,以邓小平为代表的一批老革命家带领广大人民群众进行了艰巨而富有成效的努力。

## 寻找冲破"两个凡是"的"突破口"

粉碎"四人帮"以后,党和国家的各项工作是前进了。然而,在拂人脸面的春意中，人们依然感到残冬的袭人之气；在一些领域出现春意的同时，许多方面尚冰封未解。

拨乱反正已经起步，但中国向何处去的问题还没有从根本上明确。"两个凡是"依然是许多人的思维方式和指导方针。它是一种新的思想禁锢，延误了拨乱反正的历史进程。显然，不冲破"两个凡是"，就不可能纠正"文化大革命"及其以前的"左"倾错误，澄清"四人帮"制造的思想混乱，类似"文化大革命"的灾难还可能重演。

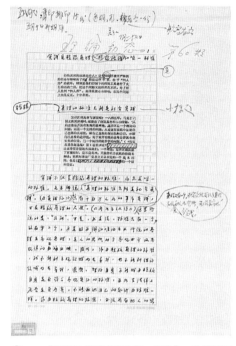

《实践是检验真理的唯一标准》一文的最后修订稿（部分）

要从根本上推动拨乱反正，实现历史性转折，首先要冲破"两个凡是"，恢复实事求是的思想路线。然而，开启那扇思想禁锢之门的"突破口"在哪里？

于是，人们开始思索这样一个问题：判定是非的标准是什么？以什么为准绳来认识"文化大革命"及其以前的一些重要历史是非？这就提出了如何认识理论与实践的关系问题，如何认识检验真理的根本标准问题。伴随着拨乱反正的历史进程，人们的认识已经日益接近问题的核心和实质。

"实践是检验真理的唯一标准"，正是这个马克思主义的哲学常识，在当时的特定历史条件下成为冲破"两个凡是"的"突破口"。这个"突破口"，是在许多老一辈革命家和理论工作者的共同探索中找到的。

邓小平、聂荣臻、徐向前、陈云等老一辈革命家先后发表文章，呼吁恢复和发扬实事求是的优良传统和作风，坚持以实事求是的态度对待马列主义、毛泽东思想。与此同时，许多有识之士也在思考着同样的问题。

《人民日报》理论部的同志在编辑工作中，常常遇到这样一个问题：每当在报纸上发表一些把被"四人帮"颠倒了的理论是非纠正过来的文章，如按劳分配等问题，总要收到一些反对的来信，理由往往是"毛主席不是这样说的"。到 1978 年初，他们从这种争论中感觉到一个问题，这就是检验真理的标准到底是什么？是只有实践一个标准，还是有另外的标准？于是，经过酝酿，写了一篇一千多字的思想评论，题目叫《标准只有一个》，强调"真理的标准，只有一个，就是社会实践，这个科学的结论是人类经过几千年的摸索和探讨，才得到的"。文章还有针对性地指出："有的同志不愿意承认或者不满足于马克思的这个科学结论，总想在实践之外，另找一个检验真理的标准。"

这篇署名张成的文章在 1978 年 3 月 26 日《人民日报》上发表后，收到二十多封来信，其中大部分对文章的观点持有异议，提出马列主义、毛泽东思想才是检验真理的标准。为此，报社理论部决定继续组织文章，进一步讲清这个问题，于是将这些来信转给中国社会科学院哲学所的邢贲思。这时，邢贲思也在思考着同一个问题，他在 4 月 8 日《人民日报》上发表的《哲学和宗教》一文，已涉及这个问题。他接受《人民日报》的约稿，于是就有了后来的那篇《关于真理的标准问题》。

那时，这些理论工作者虽然大多是在"单兵作战"，但他们却不约而同地思考着一个同样的命题。

## 《实践是检验真理的唯一标准》的诞生

显然，面对"两个凡是"的巨大压力，"单兵作战"显得有些势单力薄，"协同作战"势在必行。于是，两个思考的集体应运而生了。

坐落在北京西北郊的中共中央最高学府——中央党校，是较早举起实事求是的思想武器，涉及实践标准这一命题，并把它与现实政治发展联系起来的地方。这种联系，是与胡耀邦的名字分不开的。他担任中央党校副校长后，在其周围形成了一个思考的集体。经过思考，他们找到了"突破口"，组织和推动了一场关于实践是检验真理的唯一标准问题的讨论。

1977 年 12 月，胡耀邦经过与几位同志商量，决定中央党校的中共党史课着重研究三次路线斗争的历史。同年冬，在中央党校学习的八百多名高中级干部开始集中讨论"文化大革命"以来党的历史。讨论中也遇到一个突出问题，就是究竟以什么为标准来认识和判定历史是非。在胡耀邦指导下编写的《关于研究第九次、第十次、第十一次路线斗争的若干问题》的材料中，提出了研究应遵循的两条原则：

> 第一，应当完整地、准确地运用马列主义、毛泽东思想的基本原理（包括毛主席关于"文化大革命"的全面论述和一系列指示）的精神实质，来进行研究。
>
> 第二，应当以实践为检验真理、辨别路线是非的标准，实事求是地进行研究。毛主席指出："只有千百万人民的革命实践，才是检验真理的尺度。"路线正确与否，不是一个理论问题，而是一个实践问题，要用实践的结果来证明，用路线斗争的实践结果来检验。离开实践或者闭眼不看历史事实，来争论路线是否正确，除了徒劳无益或者受骗上当以外，是不可能得到任何结果的。

这两条原则鲜明地提出以实践作为检验真理的标准，为当时探讨"文化大革命"的经验教训及有关党史问题，提供了一个根本的准则。在这两条原则的启发和胡耀邦的大力推动下，中央党校校园内思想相当活跃，对许多现实中的热点难点问题展开了热烈的讨论。

党校有关教师也展开了研究和讨论，开始酝酿就检验真理的标准问题撰写文章，澄清在这个问题上的糊涂认识。到 1978 年初，他们深感需要写一篇论述真理标准问题的文章。经吴江同意，文章由孙长江执笔。到 3 月初写出文章初稿，题目是《实践是检验真理的唯一标准》。

几乎与此同时，围绕《光明日报》的一篇约稿，形成了另一个思考的集体。

胡福明当时是南京大学哲学系的一名教师。他后来回忆说：

那是 1977 年的 6 月下旬，"两个凡是"发表不久，我就在理论上思考这么一个问题：判断理论、认识、观点、决策是否正确的标准究竟是什么？判断是非的标准究竟是什么？马克思、恩格斯、列宁、毛泽东在历史上经常也修改自己的观点。按照实践来修改自己的观点，怎么能说句句是真理？怎么能搞"两个凡是"？我认为这是教条主义，是个人崇拜，是唯心论的、形而上学的。我一旦思想形成后，就着手考虑写这篇文章。文章的题目当时叫《实践是检验一切真理的标准》，到了（1977 年）9 月份，我就把文章寄给北京《光明日报》理论部哲学组组长王强华同志。王强华同志是非常支持这篇文章的。到了（1978 年）1 月份，就给我寄来了一份清样。到了 4 月份，当时《光明日报》的总编辑杨西光同志约我，他说，这篇文章很好，很重要，应该发表在第一版。但是，还要作一些修改。据我知道，为这篇文章作出贡献的有一批同志，这也是集体创作，都是一个共同的愿望，就是要批判唯心论、形而上学，冲破"两个凡是"的束缚，搞拨乱反正。

《光明日报》理论部的同志与作者一起将文章作修改后，准备在该报《哲学》专刊第77期上发表。也许是一种巧合。在中央党校学习的杨西光调到《光明日报》社当总编辑。他了解中央党校讨论的情况，到《光明日报》后又看到胡福明的文章，深感文章主题的重要性，就把文章从《哲学》版撤下来，准备在第一版发表。

为了加强文章的现实针对性，他把文章拿到中央党校，委托中央党校理论研究室的同志作进一步修改提高。于是，两股思考的力量便聚合到一起了。

此时，中央党校的孙长江也执笔完成了同样主题的文章初稿。拿到《光明日报》的稿子后，由孙长江将两篇文章的内容合在一起进行修改。为了加强现实针对性，文章的标题采用的是《实践是检验真理的唯一标准》(以下简称"《实》文")。孙长江对稿子作了较大修改。文章增加了许多重要的论断和分析，逻辑更严密，行文更流畅。改成后，又征求了校内外一些理论工作者的意见，最后经胡耀邦两次审阅定稿。

为了扩大文章的影响，经杨西光同中央党校商定，先在中央党校主办的内部刊物《理论动态》上发表，再以"特约评论员"名义在《光明日报》上发表。之所以用"特约评论员"名义，是因为当时重要社论或评论员文章发表要经中央主管宣传工作的领导同志审阅同意，而特约评论员文章可以不用送审。而且这个名义也可表明文章的重要性和权威性。

## 文章发表后引发的激烈交锋

1978年5月10日，《实》文首先在《理论动态》第60期上发表。5月11日，又以"本报特约评论员"的名义在《光明日报》上发表。新华社于当天发了通稿。12日，《人民日报》《解放军报》以及《解放日报》等地方报纸全文转载。13日，又有15家省报转载了这篇文章。

这篇文章实际上批判了"两个凡是"的主张，进而涉及盛行多年的个人崇拜。它击中了"两个凡是"的要害，触犯了"两个凡是"的提出者和坚持者，引来了坚持"两个凡是"的人们的责难、批评和压制。

5月18日，当时中央主管宣传工作的领导同志在一次小范围的会议上，点名批评了《实》文和《人民日报》5月5日发表的《贯彻按劳分配的社会主义原则》一文。他说："理论问题要慎重，特别是《实践是检验真理的唯一标准》和《贯彻按劳分配的社会主义原则》两篇文章，我们都没有看过。党内外议论纷纷，实际上是把矛头指向主席思想。我们党报不能这样干，这是哪个中央的意见？"还说"要坚持、捍卫毛泽东思想。要查一查，接受教训，统一认识，下不为例。当然，对于活跃思想有好处，但人民日报要有党性，中宣部要把好这个关"。

《实》文发表后在全国引起的强烈反响，是很多人所始料不及的。许多干部群众和理论研究工作者都赞成文章的观点，感到文章提出了一个重大问题，应当开展讨论。继5月12日《人民日报》《解放军报》等报刊转载此文之后，到5月底，全国先后有三十多家报纸刊登了这篇文章。中国科学院和中国科协党组还作出决定，支持并参与真理标准问题的讨论。

上海举办"实践是检验真理的唯一标准"讨论报告会

《实》文刚发表时，邓小平没有注意。后来他听说有人对这篇文章反对得很厉害，才找来看了看。5月30日，邓小平在听取全军政治工作会议情况汇报时指出："只要你讲话和毛主席讲的不一样，和华主席讲的不一样，就不行。毛主席没有讲的，华主席没有讲的，你讲了，也不行。怎么样才行呢？照抄毛主席讲的，照抄华主席讲的，全部照抄才行。这不是一个孤立的现象，这是当前一种思潮的反映。"他强调指出："毛泽东思想最根本的最重要的东西就是实事求是。现在发生了一个问题，连实践是检验真理的标准都成了问题，简直是莫名其妙！"

6月2日，邓小平在全军政治工作会议上发表讲话时，批评了"两个凡是"的思潮，着重阐述了实事求是的思想路线。邓小平的讲话，新华社当天就作了报道。第二天，《人民日报》和《解放军报》在第一版以《邓副主席精辟阐述毛主席实事求是光辉思想》的通栏标题，对邓小平的讲话作了报道。6月6日，《人民日报》和《解放军报》又在第一版全文发表邓小平的讲话。这篇讲话不仅使那些思想仍处于僵化状态的同志受到震动，而且也使要求解放思想、开展真理标准讨论的同志受到鼓舞。一些报刊继续组织讨论文章。一些单位开始筹备关于真理标准问题的讨论会。

但是，激烈的交锋并没有就此结束。直到7月份，中央主管宣传工作的同志还在不停地继续批评《实》文是把矛头对准毛泽东。真理标准问题的争论愈演愈烈。9月，在沸沸扬扬的讨论中，邓小平访问朝鲜回国后，在东北三省视察，沿途大讲思想路线问题，对"两个凡是"进行了抨击。

总之，真理标准问题讨论已在当时的中国政治生活中产生了重大影响，它不仅冲破了"两个凡是"的严重束缚，推动了各条战线、各个领域拨乱反正的启动和开展，推动了全国性的思想解放运动，而且为具有划时代意义的十一届三中全会的召开，做了重要的思想准备。这场讨论对改变党和国家的历史命运，产生了重大而深远的影响。

# 伟大转折

———

"抓纲治国"的思路和以邓小平为代表的老一辈革命家的思路。

中央工作会议突破原定议题，开始了各种观点的直面碰撞。

邓小平：现在国际上就看我们有什么人事变动，加人可以，减人不行。

邓小平重要讲话起了关键的主导性的作用。

1976 年 10 月粉碎"四人帮"、结束持续十年的"文化大革命"后，中国百业待举，面临一个向何处去的重大历史关头。此时，广大干部群众强烈要求纠正"文化大革命"的错误理论、方针和政策，彻底扭转十年内乱造成的严重局势，在思想、政治、经济、文化、组织等各个领域进行拨乱反正，使中国从危难中重新奋起。但是，这种要求遇到严重阻碍，党和国家的工作在前进中出现徘徊的局面。

1978 年底召开的中共十一届三中全会以及此前召开的中央工作会议，就党的工作重点转移、平反冤假错案和加强社会主义民主与法制、真理标准讨论和重新确立实事求是的思想路线、经济管理体制和管理方式的改革、对外开放、调整中央领导机构成员等一系列重大问题，作出了具有深远影响的决策。十一届三中全会实现新中国成立以来党的历史上具有深远意义的伟大转折，开启了改革开放和社会主义现代化的伟大征程。

## 两种不同思路的交锋

粉碎"四人帮"以后，对于尽快结束内乱，稳定局势，发展经济，党内外并没有多大争议。争议的焦点是如何看待"以阶级斗争为纲"，以及在这个"纲"之下发动的历次政治运动特别是"文化大革命"，并由此涉及在这些运动中造成的大量冤假错案的问题。而要解决这些问题，又不能不触及如何正确评价毛泽东和毛泽东思想的问题。正是在这些问题上，党内存在着不同的思路。

一种是"抓纲治国"的思路。这里的"纲"是指以揭批"四人帮"为纲，但在实质上还是"以阶级斗争为纲"。这种思路，是在揭批"四人帮"的同时，在毛泽东生前定下的"三七开"的框架内，部分地对"文化大革命"实践上的某些错误进行有限的纠正，而对"文化大革命"的理论、方针、政策和主体部分的实践则极力维护，对毛泽东晚年的错误则不许触及。正是沿着这样的思路，于是就有了"两个凡是"指导方针的出笼。

另一种是以邓小平为代表的老一辈革命家的思路。这种思路，要求既高举毛泽东思想的旗帜，科学地评价毛泽东的历史地位，用准确的完整的毛泽东思想科学体系指导党和国家的工作，又实事求是地纠正毛泽东晚年的错误，并从解决重大冤假错案入手，纠正"文化大革命"的错误理论、方针和政策，进而把党的工作重点转移到经济建设上来。

这两种思路的交锋，不可避免地在诸多问题上表现出来。

尽管障碍重重，但各条战线的拨乱反正毕竟已经有了相当程度的进展，党和国家的工作毕竟在徘徊中前进着。这主要是三个方面努力的结果：一是人民群众的作用；二是理论界和新闻舆论界的推动；三是中央高层领导人的作用。总的来看，在十一届三中全会之前，关系中国未来发展走向的问题，都已经过比较充分的争论和酝酿，并在相当程度上开始了实践的过程。各种不同意见在争论中越辩越明，不同思路的力量对比也在发生变化，新的抉择已摆在全党特别是党中央的面前。在这种背景下，决定中国命运的历史性转折不可避免地到来了。

## 中央工作会议突破原定议题

1978 年 11 月 10 日至 12 月 15 日，中央工作会议在北京京西宾馆举行。11 月 10 日举行开幕会，13 日、25 日各举行一次全体会议，12 月 13 日举行闭幕会。在闭幕会上，邓小平、叶剑英、华国锋先后讲话。其余时间，按华北、东北、华东、中南、西南、西北地区划分为六个组进行讨论。闭幕会后，又讨论了两天，直到 12 月 15 日会议才结束。这次中央工作会议既是国务院务虚会和全国计划会议的延续，又是十一届三中全会的预备会议。会议讨论了若干重大问题，为紧随其后召开的十一届三中全会做了充分的准备。

11 月 10 日下午，中央工作会议举行开幕会。这是会议的第一次全体会议。中共中央主席华国锋，副主席叶剑英、李先念、汪东兴出席了会议。邓小平副主席因出国访问未到会。参加会议的有各省、自治区、直辖市，各大军区和中央各部门的主要负责人共 212 人。

中央工作会议的原定议题有

1978 年 12 月 24 日，《人民日报》刊登中共十一届三中全会公报。

三项：一是讨论如何进一步贯彻以农业为基础的方针，尽快把农业生产搞上去的问题；二是商定 1979、1980 两年国民经济计划的安排；三是讨论李先念副主席在国务院务虚会上的讲话。

开幕会后，各组开始讨论华国锋在开幕会上代表中央政治局提出的全党工作重点转移问题。由此，开始了各种观点的直面交锋，使原定 20 天的会议拖至 36 天才结束。正是这项议题的增加，引发了一系列大是大非问题的讨论，从而改变了会议的主题。

这次中央工作会议，主要讨论了七个方面的问题。

（一）关于党的工作重点转移问题

在讨论中，许多人认为，工作重点转移是必要的，但是，目前还有大量的遗留问题，如：天安门事件还没有平反；"文化大革命"中提出的许多错误观点还没有澄清；许多重大冤假错案还没有平反，等等。

会上一开始还存在将当前急需解决的问题回避的问题。因此，与会者表示不能满意。在讨论中，也有少数同志存在一些模糊认识。有人认为：在社会主义整个历史时期，"以阶级斗争为纲"是不错的，但并不是每个具体阶段都要这样提。现在重点转移了，可不可以提以社会主义现代化为纲？还有人认为：搞四个现代化这本身就有阶级斗争，是和阶级斗争分不开的，两者是可以统一的。有人认为仍要阶级斗争、生产斗争、科学实验三大革命一起抓。有人甚至认为当前中国社会的主要矛盾仍然是无产阶级和资产阶级的矛盾。这些议论，反映了在工作重点转移的指导思想上，有些同志还没有从过去强调"以阶级斗争为纲"的框架中走出来，还需要提高认识，转变观念。

（二）关于农业问题

会前，中央工作会议秘书组已印发了《农村人民公社工作条例（试行草案）》（1978 年 11 月 9 日讨论稿）、《中共中央关于加快农业发展速度的决定》( 1978 年 11 月 9 日讨论稿 )。

与会者在讨论中，对会议准备的文件和有关领导的说明都不满意，认为农业问题的两个文件的内容不够实事求是，没有揭露农业存在的问题，没有很好地总结过去的经验教训，没有纠正过去"左"的指导思想和做法，也没有解决问题的具体办法，因此需要修改或重写。有的同志分析说，造成这种情况的原因，一是人民公社的许多问题是毛主席生前定的，一是怕否定"文化大革命"。与会者强烈要求修改和重写两个农业文件。

（三）关于解决历史遗留问题

11 月 11 日，从讨论一开始，许多与会者围绕工作重点转移，提出了许多亟待解决的历史遗留问题。对于党内外普遍关心的天安门事件，几乎各组都提出了尽快平反的要求。在这些发言中，11 月 12 日陈云在东北组的发言影响最大。他实事求是地介绍、评价了所谓薄一波等六十一人叛徒集团案和天安门事件问题，以及陶铸、王鹤寿、彭德怀的问题，并提出中央专案组所管的党内部分专案应移交中央组织部，提出中央应当在适当时候对康生的错误给以应有的批评。陈云提出的问题，都是这时党内外关注的重大问题，归根到底涉及要纠正"文化大革命"及其以前的"左"倾错误这一根本问题。他的发言在简报上登出后，立即引起强烈反响，各组发言的重点也集中到解决历史遗留问题、平反冤假错案上来。

11 月 25 日，中央工作会议举行全体会议。华国锋主持会议，并代表中央政治局宣布为天安门事件、"二月逆流"、薄一波等六十一人叛徒集团案、彭德怀、陶铸、杨尚昆等平反，并就"文化大革命"期间中央和地方遗留下来的比较重要的若干问题，作了答复。

对于与会者提出的重新评价"文化大革命"和毛泽东的要求，以及更深一步澄清和纠正历史上的"左"倾错误的要求，中央政治局常委表示要认真听取并研究大家的意见，按照实事求是、有错必纠的原则，在适当的时候重新作出评价，重新作出审查和处理，目前尚不宜匆忙作出结论。

（四）关于真理标准问题讨论和党的思想路线问题

在中央工作会议的议题中，并没有关于真理标准问题讨论的内容。但是，会议开始后，不少与会者在发言中涉及这场讨论，并对"两个凡是"的提法，以及《红旗》杂志对这场讨论一直不表态和中央宣传部的压制态度，提出了批评。由于与会者的兴奋点和注意力集中在解决历史遗留问题上面，因此讨论并不热烈。真理标准问题成为会议的中心话题，是在11月25日的全体会议之后。

此时，发生在会外的一件事情，成为真理标准问题讨论再起风波的重要原因。

天安门事件平反的消息公布后，北京等城市出现一些群众集会和大、小字报，在表示拥护的同时，也要求追究压制解放思想、阻挠平反冤假错案的领导人的责任。有的还提出了全盘否定毛泽东的要求。11月25日下午，中央政治局五位常委听取中共北京市委和共青团中央负责人关于天安门事件平反后群众反映的汇报后，中央政治局常委发表了重要谈话。邓小平在谈话中说："天安门事件平反后，群众反映强烈，大家很高兴，热烈拥护，情况是很好的。当然也出现一些问题。我们的工作要跟上去，要积极引导群众，不能和群众对立。我们一定要高举毛主席的伟大旗帜。毛主席的旗帜是全党全军全国各族人民团结的旗帜，也是国际共产主义运动的旗帜。……现在报上讨论真理标准问题，讨论得很好，思想很活泼，不能说那些文章是对着毛主席的，那样人家就不好讲话了。但讲问题，要注意恰如其分，要注意后果。迈过一步，真理就变成谬误了。"

邓小平的谈话没有在中央工作会议上正式传达，但有很多人得知了谈话的精神。与此同时，会上也发生了一件事情。11月27日，一位同志发言，对真理标准问题讨论提出不同看法，不赞成把这场讨论看成是政治问题、路线问题，是关系国家前途命运的问题，不赞成已见诸多种报刊的"来一个思想解放运动""反对现代迷信"等口号。他的发言在简报上登出后，遭到与会者的批评，掀起轩然大波。

11月25日下午中央政治局常委对北京市委和团中央负责人正式表态后，坚持"两个凡是"的一些部门负责人认为再也顶不下去了，只好出来表态。他们在发言中仍然坚持"两个凡是"的立场，为自己辩护。这也引起了绝大多数与会者的不满，纷纷发言对他们进行严肃的批评和帮助。

许多与会者还指出：我们不能把纠正毛泽东晚年的错误同维护毛主席的旗帜对立起来，更不能以此来为"两个凡是"的错误方针辩护。要把维护毛主席的威信和解决"文化大革命"的遗留问题统一起来，在肯定毛主席的伟大功绩的前提下去处理遗留问题。坚持毛主席倡导的实事求是原则，只能增添毛泽东思想的光辉。

在大多数与会者的批评帮助下，一些曾对这场讨论的意义认识不足的人先后有了转变，一些坚持"两个凡是"的人作了自我批评。

（五）关于改革开放问题

这次会议使会前关于改革开放的酝酿进一步具体化，正式作出改革开放决策的条件已经成熟。但是，对经济体制改革的讨论，其深度和广度比起政治和思想领域来说相对要弱一些。这一方面与当时的认识水平有关，另一方面与没有来得及认真讨论有关。

（六）关于组织问题

在华国锋宣布的会议议题中，没有人事问题，但随着与会者的注意力集中到历史遗留问题和真理标准讨论，陆续揭发出个别中央领导人和部门负责人的错误。这样，人们自然地想到了人事调整问题。

与此同时，中央领导层也在考虑这个问题。鉴于与会者的注意力仍集中在几位中央政治局委员的错误上面，邓小平及时地给以明确的引导。11 月 27 日，中央政治局常委听取各组召集人汇报。邓小平说：现在国际上就看我们有什么人事变动，加人可以，减人不行，管你多大问题都不动，硬着头皮也不动。这是大局。好多外国人要和我们做生意，也看这个大局。12 月 1 日，邓小平在中央政治局常委召集部分中国人民解放军大军区司令员和省委第一书记的打招呼会议上讲话。邓小平再次指出：中央的人事问题，任何人都不能下，只能上。现有的中央委员，有的可以不履行职权，不参加会议活动，但不除名，不要给人印象是权力斗争。对"文化大革命"问题，现在也要回避。

根据邓小平的指示精神，在以后的讨论中，与会者普遍赞成只加人、不减人的方针，各组提名的人选也比较集中起来。12 月 11 日，会议秘书组还印发了中央组织部提出的《关于中央纪律检查委员会组成问题的请示报告》及《中央纪委候选人名单（草案）》。12 月 12 日，各组讨论了《中央纪委候选人名单（草案）》，在作个别增补后，基本上同意了这个名单。

（七）关于十一届三中全会的指导方针问题

邓小平在中央工作会议的闭幕会上作了题为《解放思想，实事求是，团结一致向前看》的重要讲话，不仅引导了中央工作会议的进程和方向，而且为十一届三中全会确定了正确的指导方针。邓小平在十一届三中全会上没有再发表讲话，这篇讲话实际上成为全会的主题报告。解放思想、实事求是、团结一致向前看的指导方针，对十一届三中全会开成具有伟大转折意义的会议，起了关键的主导性的作用。

## 十一届三中全会实现伟大转折

中央工作会议结束后的第三天，1978 年 12 月 18 日晚，十一届三中全会举行开幕会。中共中央主席华国锋，副主席叶剑英、邓小平、李先念、汪东兴出席会议。出席会议的中央委员 169 人，候补中央委员112 人。

由于会期较短，开幕会后，各组采取了集中时间阅读文件的办法。随后，各组进行了讨论。分组讨论的内容，概括起来有三个方面：一是参加中央工作会议的中央委员以发言等形式向未参加工作会议的同志介绍情况；二是对中央领导同志的讲话发表意见，对全会要增补的中央委员，中央政治局委员、常委，中央副主席发表意见，对中央设立纪律检查委员会发表意见；三是同中央工作会议一样，对工作重点转移、"两个凡是"、真理标准讨论、平反冤假错案、康生的错误等问题发表意见。还有一项内容，是对十一届三中全会公报的草稿提出修改意见。

在分组讨论中，与会者普遍赞扬几天前闭幕的中央工作会议开得很成功。认为会议真正恢复和发扬了毛泽东生前一贯倡导的实事求是、群众路线、批评与自我批评的优良传统和作风，自始至终坚持了民主集中制的原则。相信中央工作会议的好会风，定能在十一届三中全会上发扬光大，使这次全会在邓小平的《解放思想，实事求是，团结一致向前看》的讲话精神的指引下，取得更大的成果。

与会者讨论了党的工作重点转移、实行改革开放政策、农业问题两个文件、1979 和 1980 两年经济计划的安排、处理历史遗留问题、坚持实事求是的思想路线、健全民主与法制、加强党的组织建设等重大问题，并建议以中央全会的名义作出郑重的决定。

对农业问题两个文件，不少人提出了许多修改意见。在讨论中央纪律检查委员会候选人时，各组同意中央政治局的意见，并建议增加王建安为候选人。

12 月 22 日，各组讨论了《中国共产党第十一届中央委员会第三次全

　　○～○　委员们举手一致通过中共十一届三中全会公报

体会议公报》(1978年12月21日稿)。公报此前经过三次修改，终于在
全会闭幕的最后一天，送到与会者的手中。与会者经过讨论，提出了一些
修改意见。

　　12月22日晚，十一届三中全会举行闭幕会。华国锋主席和叶剑英、
邓小平、李先念、汪东兴副主席出席会议。华国锋主持了会议。

　　全会一致原则通过《中共中央关于加快农业发展若干问题的决定（草
案）》《农村人民公社工作条例（试行草案）》。并确定这两个文件先传达
到县级，广泛征求意见，由省、自治区、直辖市集中修改意见，报中央定
稿后，由中央正式发文件。

　　全会一致原则通过《一九七九、一九八〇两年经济计划的安排》。这
个文件由国务院正式下达，并确定传达范围。建议国务院在修改后提交明
年召开的第五届全国人民代表大会第二次会议讨论通过。

　　全会一致原则通过《中国共产党第十一届中央委员会第三次全体会议
公报》。中央政治局根据大家提出的意见，再作些修改，然后在12月24

日发表。

全会选举陈云为中央政治局委员、政治局常委、中央委员会副主席；选举邓颖超、胡耀邦、王震三人为中央政治局委员；选举黄克诚、宋任穷、胡乔木、习仲勋、王任重、黄火青、陈再道、韩光、周惠等9人为中央委员，将来提请党的第十二次全国代表大会对这一增补手续予以追认。

全会选举了中央纪律检查委员会。选举陈云为中央纪律检查委员会第一书记，邓颖超为第二书记，胡耀邦为第三书记，黄克诚为常务书记，王鹤寿、王从吾、刘顺元、张启龙、袁任远、章蕴（女）、郭述申、马国瑞、李一氓、魏文伯、张策等11人为副书记，并选举中央纪律检查委员会常务委员和委员85人。宣布选举结果后，陈云发表了讲话。

# 安徽农村改革

———

1977 年，万里主政安徽，看了两户农民后，已是泪流满面。

安徽省委《六条》拉开农村改革序幕。

小岗村 20 户农民秘密开会商议，决定瞒上不瞒下，实行包干到户。

大包干，直来直去不拐弯，保证国家的，留足集体的，剩下都是自己的。

党的十一届三中全会以后，全党全国的工作重点转移到社会主义现代化建设上来。安徽率先在农村推行了以包产到户为主要内容的家庭联产承包责任制。这是个曲折而艰辛的探索过程，同时也是解放思想的过程。

## 看到安徽农村的惨状，万里深感愧疚

1977 年 6 月 21 日，党中央委派万里、顾卓新、赵守一分别担任安徽省委第一、二、三书记。当时，"四人帮"虽然已经倒台，但他们推动的"左"倾政策，在安徽基本上没有触动。万里等人到任后，雷厉风行，大刀阔斧，采取果断措施排除了派性干扰，很快揭开了被"四人帮"代理人捂了八个月的盖子，初步调整了县以上各级领导班子。

"四人帮"在农村推行"左"倾政策，安徽是重灾区。"文化大革命"十年，粮食总产量一直徘徊在 200 亿斤左右，农民人均年收入 60 元上下，由于价格的因素，农民实际生活水平下降了 30%。根据当时测算，农民每人每年最低生活费用大约需要 100 多元。全省 28 万多个生产队，其中只有 10% 左右的队勉强维持温饱；67% 低于 60 元，40 元以下的占 20% 左右。这些数字说明，全省有将近 90% 的生产队不能维持温饱，10% 的队仍在饥饿线上挣扎。

强迫命令、瞎指挥的现象是相当普遍的，引起了农民群众的愤慨。定远县耕地面积 160 多万亩，按照实际情况只能种 80 万亩水稻，"四人帮"在安徽的代理人却强行规定要种 150 万亩，结果有 20 多万亩无收，有收的产量也很低。芜湖县易太公社追求形式主义，打破原有生产队体制，打破各队土地界限，打乱水系，把集体的粮、款、物等全部重新分配。新划的生产队要做到四个一样，即土地一样，人口一样，村庄大小一样，水利工程兴办一样。公社还规定，凡是妨碍规划实施的树木要砍掉、村庄要移址、房屋要拆迁、沟塘要填平、道路要重修。社员看到这种情形愤怒地说："这和国民党有什么两样。"不少人含泪离乡背井。由于严重强迫命令、瞎指挥，全社粮食减产 592 万斤，有的大队人均收入由 1976 年的 70 元下降到 38 元。

1977 年 11 月上旬，万里到金寨县调查。在燕子河山区，他走进一户低矮残破的茅屋，在阴暗的房间里，见锅灶旁边草堆里，坐着一位老人和两个姑娘，便亲热地上前和他们打招呼。老人麻木地看着他，一动不动。万里伸出手想和他握手，老人仍麻木地看着他，不肯起身。万里很纳闷，以为老人的听觉有问题。陪同的地方干部告诉老人，新上任的省委第一书记来看你，老人这才弯着腰颤抖地缓缓地站起。这时万里惊呆了，原来老人竟光着下身，未穿裤子。万里又招呼旁边的两个姑娘，姑娘只是用羞涩好奇的眼光打量他，也不肯移动半步。村里人插话说："别叫了，她们也没有裤子穿，天太冷，他们冻得招不住，就蹲在锅边暖和些。"

万里又走到了另一户农家，看到家里只有一位穿着破烂的中年妇女，便询问她家的情况。"你家几口人？""四口人，夫妻俩和两个小孩。""他们到哪儿去了？""出去玩了。""请你喊他们回来让我看看。"万里连催两遍，这位妇女面有难色，不愿出门去找。在万里的再三催促下，她无奈地掀开锅盖，只见锅膛内坐着两个赤身裸体的女孩子。原来烧过饭的锅灶，拿掉铁锅，利用锅膛内的余热，把两个没有衣服穿的孩子放到里面防寒。

万里看了两户农民后，已是泪流满面，他沉痛地说："老区人民为革命作出了多大的牺牲和贡献啊！没有他们，哪来我们的国家！哪有我们的今天！可我们解放后搞了这么多年，老百姓竟家徒四壁，一贫如洗，衣不遮体，食不果腹，有的十七八岁姑娘连裤子都穿不上，我们有何颜面对江东父老，问心有愧呀！"

## 安徽省委《六条》拉开农村改革序幕

按照万里的嘱咐，安徽省农委政策研究室全体同志分赴全省各地进行调查，并于1977年9月20日到24日，在滁县召开了农村政策座谈会。会议充分揭露了农村"左"倾现象，讨论起草了《关于当前农村经济政策几个问题的规定（草稿）》，简称省委《六条》。

11月15日到21日，安徽省委召开全省农村工作会议，各地、市、县委书记和省直各部门负责人参加了会议，集中讨论修改《六条》。通过十多次的反复修改，几易其稿，11月28日，以"试行草案"的形式下发安徽全省各地农村贯彻执行。

省委《六条》的基本内容是：

搞好人民公社的经营管理工作，根据不同的农活，生产队可以组织临时的或固定的作业组，只需个别人去做的农活，也可以责任到人；积极地有计划地发展社会主义大农业；减轻生产队和社员的负担；分配要兑现，粮食分配要兼顾国家、集体和个人利益；允许和鼓励社员经营正当的家庭副业。

时任安徽省农委政策研究室主任的周日礼后来说："这些内容，今天看来似乎很平常，但在当时，许多规定都触犯了不可动摇的原则，突破了长期无人逾越的'禁区'。这在粉碎'四人帮'后处于迷茫徘徊的中国，是第一份突破'左'倾禁区的关于农村政策的开拓性文件，是一支向'左'倾思想宣战的利剑，也是农村改革的序幕。"

## 二十位小岗村村民的伟大创举

安徽凤阳小岗村，是个自农业合作化以来从未向国家交过一斤粮食的"吃粮靠返销，生活靠救济，生产靠借款"的"三靠队"。在改革开放的大潮即将涌来之时，它成了全国"包干到户"的策源地，在中国历史上留下了浓墨重彩的一笔。

1978 年秋，包产到组的办法已经在凤阳县部分地区开始实行。梨园公社小岗生产队共 20 户人家，其中包括两个"五保户"，共计 115 人。这些人，先是分成 4 个组，后又分成 8 个小组，每组只有两三户，有的是父子或兄弟一个组，但仍然矛盾重重。

于是，全队 20 户农民秘密开会商议，决定瞒上不瞒下，实行分田到户，即"包干到户"。他们对此的理解是：大包干，直来直去不拐弯，保证国家的，留足集体的，剩下都是自己的。

他们把全村 517 亩土地按人口承包到户，10 头耕牛统一作价后，每两户包一头。而国家派给小岗村的农副产品交售任务，偿还借款任务，公

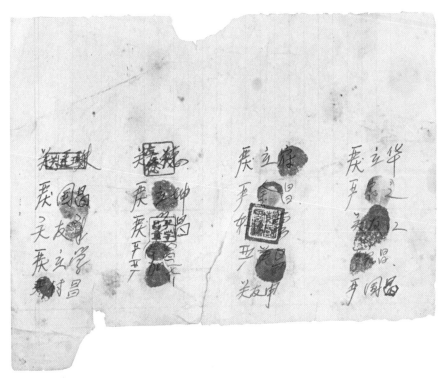

○──○ 小岗生产队社员签订的包干合同书

社大队提取公共积累和各类人员补助的钱粮数，都按人头分包到户，完成
包干任务后，剩余多少全归个人。

在一份保证书上，20 位户主冒着极大的风险，在自己的名字上，有
的盖了自己的私章，有的按下了鲜红的手印，为这一大胆的举动留下了历
史的见证。

在当时的条件下，无论包干到户，还是包产到户，都是"犯忌"的，
因而只能秘密地进行。

当然，这样的秘密是瞒不住的。不过，党的十一届三中全会确定了解
放思想、实事求是的思想路线，开始全面拨乱反正的工作，迈开了中国农
村改革的步伐。由此，这些被视为"犯忌"的做法，实际上恰好同十一届

家庭联产承包责任制极大地激发了农民的生产积极性，推动了农业生产的发展。小岗生产队农民严立坤 1979 年收粮 6000 公斤，现金 2000 元，1984 年向国家交售粮食 2000 公斤。

三中全会的精神合了拍，因而不但没有遭到扼杀，而且还得到了来自上级的有力支持。

1979 年 6 月 15 日，正值麦收完毕的时候，万里来到凤阳县。

县委书记陈庭元在向万里作汇报时，特别提到小岗生产队暗地里进行的包干到户。

万里问：包干到户的结果如何？

陈庭元回答说：包干到户后，小岗队的粮食产量由 3 万多斤一下子搞到 13 万多斤。

万里当即对小岗的做法表示支持。于是，包干到户便悄然地在凤阳兴起。

1979 年，小岗生产队获得了大丰收，一年的粮食产量相当于 1966

年至 1970 年五年粮食产量的总和。这个"三靠队"第一次向国家交了公粮，还了借款。农民们为此还编了顺口溜："大包干，就是好，干部群众都想搞。只要搞上三五年，吃陈粮，烧陈草，个人富，集体富，国家还要盖仓库。"

小岗村一年大变样，产生了极强的示范作用，周围许多村庄纷纷效仿。

实行家庭联产承包，是中国农民的伟大创造。党中央尊重群众愿望，积极支持试验，通过几年的努力，解决了我国社会主义农村体制的重大问题，从而使我国农业生产摆脱长期停滞的困境，带动了整个改革开放和社会主义现代化建设事业。

# 平反冤假错案

———

胡耀邦被任命为中央组织部部长。

中央决定全部摘掉右派分子帽子。

全面纠正"文化大革命"期间的冤假错案和历史遗留问题。

全国共平反纠正约 300 万名干部的冤假错案。

粉碎"四人帮"，特别是十一届三中全会以后，平反"文化大革命"及其以前的"左"倾错误所造成的大量冤假错案，有步骤地处理新中国成立以来的许多历史遗留问题，是摆在全党面前的一项十分重大而紧迫的任务，也是拨乱反正的一个重要组成部分。

## 平反冤假错案工作的起步

粉碎江青集团后，党内上下和全国人民强烈要求纠正"文化大革命"的严重错误，迅速平反冤假错案，以调动全党和全国人民的积极性。然而，历史并不是按照人们的主观意愿直线发展的。由"文化大革命"造成的政治上、思想上、组织上的混乱是极其严重而深广的，不可能短时间内消除，当时党内又推行"两个凡是"的错误方针，导致党的指导思想和各条战线的拨乱反正处于徘徊状态，全面平反冤假错案工作步履艰难。

为加强和推进平反冤假错案工作，1977 年 12 月 10 日，中共中央副主席叶剑英和邓小平接受中央组织部部分干部的建议，经中央讨论决定，任命胡耀邦为中央组织部部长。胡耀邦上任后，在陈云等老一辈革命家的大力支持下，冲破了"两个凡是"的束缚，大刀阔斧地开始了平反冤假错案的工作。

胡耀邦上任中组部部长后，提出是非分明、功过分明、赏罚分明等工作原则，平反冤假错案工作开始起步。到党的十一届三中全会前，主要做了两个方面的工作：

一方面从落实干部政策入手，开展平反冤假错案工作。1978 年 1 月 28 日，中央组织部召开中央、国家机关 26 个部委副部长座谈会，讨论给待分配干部尽快安排工作问题。会上，胡耀邦讲话指出，干部是我们党的宝贵财富。可以工作而没有分配工作的，要尽快分配工作。少数需要作出审查结论的，应尽快作出。对"文化大革命"中的案件，该复查的复查，该平反的平反，不能平的不平。总之要实事求是。这次会议有效地推动了平反冤假错案工作的起步。

另一方面，开始对"文化大革命"以前的重大历史遗留问题进行复查，展开改正错划右派的工作，推进了平反冤假错案工作的开展。1978 年 4 月 4 日，中共中央统战部、公安部向中央呈送《关于全部摘掉右派分子帽子的请示报告》。中共中央从 1959 年起到 1964 年，曾先后分五批给约 30 万右派分子摘掉帽子，由于"文化大革命"的发生，这一工作被中断。根据实事求是原则和有反必肃、有错必纠的方针，1978 年 4 月 5 日，中共中央批准了统战部、公安部《关于全部摘掉右派分子帽子的请示报告》，决定全部摘掉右派分子帽子。这个重大举措获得良好的社会反响。

为了做好右派摘帽工作，1978 年 6 月 14 日至 22 日，经中共中央批准，中央组织部、宣传部、统战部、公安部、民政部在山东烟台召开会议，拟订了《贯彻中央关于全部摘掉右派分子帽子决定的实施方案》，同时讨论了审查改正右派的问题。会后，中央五个部根据会议讨论的意见，对《实施方案》进行了修改。9月17日，中共中央批准这个方案并下发贯彻执行。批示中说："做好摘掉右派帽子的人的安置工作，落实党的政策，是我国政治生活中的一件大事。""对于过去错划了的人，要做好改正工作。有反必肃，有错必纠，这是我党的一贯方针。已经发现划错了的，尽管事隔多年，也应予以改正。"

文件下达后，全国各地开始着手右派的复查改正工作。10月17日，中央组成复查改正右派工作办公室，领导全国改正工作事宜。在各级党委领导下，各地相应成立了工作机构，全国范围的全部摘掉右派分子帽子工作进展迅速。到1980年6月，对错划54万多人的右派问题进行复查改正，为他们恢复了政治名誉，重新安排了工作和生活。这是一项十分英明的、重大的措施，解决了一个重要的历史遗留问题，获得了全党和广大群众的拥护，收到了良好的效果。

这一期间的平反冤假错案工作，虽然取得不少成绩，但仅仅是个起步，进展迟缓，没有触及许多大案要案。主要原因有两个方面：第一，当时还存在受"左"倾错误所禁锢，对平反冤假错案不积极、不公正，甚至有干扰的问题。第二，中央管的干部的有关案件的材料，仍然在中央专案办公室手里，没有交给中央组织部，复查工作难以展开。非中央管的干部有关案件的复查，中央组织部也无权过问。因此，尽管这项工作进行了约一年多的时间，成效尚不显著，任务仍然相当艰巨。

## 全面纠正冤假错案和历史遗留问题

随着1978年11月10日到12月15日的中央工作会议，以及随后党的十一届三中全会的召开，开始了全面纠正冤假错案的工作，到中共十二

根据中共中央政治局决定，1978 年 11 月 14 日，中共北京市委宣布为天安门事件平反。图为《人民日报》刊登的有关消息。

大时，这项工作基本完成。

11 月 21 日下午和晚上的中央工作会议期间，华国锋主持各组召集人会议，听取了讨论情况汇报。汇报后，华国锋明确指出，对历史上和"文化大革命"以来的一些案件，大的问题，能解决的，下决心解决，这就能团结一致，集中力量搞四个现代化建设。各省"文化大革命"中的一些问题，也要解决好。接着，邓小平说：现在形势对我们比较有利，处于比较有利的条件下，大的案子应了结，如天安门事件，六十一人问题，彭德怀、陶铸、杨尚昆同志的问题，七二〇事件问题等。

随后，中央政治局常委经过多次讨论，11 月 25 日，华国锋在中央工作会议全体会议上，宣布了对"文化大革命"中和"文化大革命"前遗留的一些重大政治事件，以及一些重要领导同志的功过是非问题的平反决定。主要有：

（1）关于天安门事件问题。中央认为天安门事件完全是革命行动，

11月14日政治局常委批准北京市委宣布1976年清明节悼念周总理，声讨"四人帮"，是革命行动，受迫害的一律平反，恢复名誉。江苏、浙江、河南等省委对同类事件也作了类似的处理。

（2）关于所谓"反击右倾翻案风"问题，实践证明是错误的。对过去中央批发的有关"反击右倾翻案风"的文件，全部予以撤销。

（3）所谓"二月逆流"一案必须平反，恢复名誉，文件材料不实之词作废。

（4）关于薄一波同志等六十一人案件问题，这是一起重大错误。把六十一人定为叛徒集团是不正确的，中央决定为这六十一人平反，发正式文件。

（5）关于彭德怀同志问题。他是老党员，担任党政军重要领导职务，为党为人民作出了重大贡献，怀疑他是"里通外国分子"没有根据。他1974年11月29日逝世，骨灰要安放在八宝山革命公墓第一室。

（6）陶铸同志问题。他也是老党员，有贡献，说他是"叛徒"，不对，（应予）平反。他1969年11月30日病逝，骨灰应安放在八宝山第一室。

（7）杨尚昆同志，恢复其党的组织关系，分配工作。中央决定，一办、三办，包括原二办，"五一六"专案办，都要结束工作，全部案件移交中组部。依中央精神，抓紧复查。各级党委专案组结束工作。移交纪检会，敌我矛盾问题交政法部门。

（8）康生、谢富治问题。他们有很大民愤。有关揭发他们的材料，送交中央组织部。

（9）一些地方重大事件问题。武汉"七二〇"事件，河南"七二九"事件，四川"产业军"问题，中央决定这类地方性事件由各省委根据情况，实事求是，予以改正。

○—○　群众在天安门前集会，拥护中共北京市委为天安门事件平反的决定。

　　在中央工作会议的基础上，十一届三中全会决议又郑重指出："会议认真地讨论了'文化大革命'中发生的一些重大政治事件，也讨论了'文化大革命'前遗留下来的某些历史问题。会议认为，解决好这些问题，对于进一步巩固安定团结的局面，实现全党工作中心的转变，使全党、全军、全国各族人民万众一心向前看，调动一切积极因素为四个现代化努力，是非常必要的。"会议对 1975 年邓小平主持中央工作期间，各方面工作取得很大成绩作出了正确的高度评价，把所谓"右倾翻案风"这个颠倒了的历史重新颠倒过来；正确肯定了 1976 年 4 月 5 日的天安门事件完全是革命行动；审查和纠正了过去对彭德怀、陶铸、薄一波、杨尚昆等同志的错误结论。会议认为，过去那种脱离党和群众监督，设立专案机构审查干部的方式，弊病极大，必须永远废止。

　　据当时中央组织部统计，全国脱产干部约 1700 万，立案审查的约占 17%，加上被审查的基层干部、工人和涉及的他们的亲属，需要平反的冤假错案将近达 1 亿人口，任务异常繁重。由于全党的高度重视，办案人员艰苦细致的工作，到 1982 年底，全国范围的平反冤假错案工作基本结束。据不完全统计，在此期间，经中共中央批准平反的影响较大的冤假错案有 30 多件，全国共平反纠正约 300 多万名干部的冤假错案，47 万多名共产党员恢复了党籍，数以千万计的无辜受株连的干部和群众得到了解脱。

# 中美建交

---

中美关系正常化进程陷入僵局。

为了对付苏联，美国需要再次打"中国牌"。

中国现代化建设需要良好的国际环境。

艰苦谈判，达成协议。

在中共十一届三中全会之前，邓小平在外交上作出了两个决断：一是签订中日和平友好条约，一是实现中美建交。

## 中美关系正常化进程陷入僵局

1972 年中美上海公报发表，但因为台湾问题，中美未能建交。1973年 2 月，尼克松派基辛格访华，向中国方面表示，美国打算削减在台湾的军事力量，并准备在尼克松第二届任期的后两年用"类似日本的方式"实现中美关系正常化。然而，"水门事件"引发的政治危机，束缚了尼克松的手脚，影响了美国外交政策的正常实施，从而加大了中美关系正常化的难度。

1974 年 4 月，邓小平利用出席第六届特别联大会议的机会，在纽约同美国国务卿基辛格讨论中美关系正常化问题。但基辛格搪塞说，美国正在研究如何实现"一个中国"的设想，但尚未想出办法来。对此，邓小平不失分寸地表示，中国希望这个问题能较快地解决，但也不着急。此时，地位不稳的尼克松已失去了往日的魄力，不敢在台湾问题上迈出大的步子，因为他不希望得罪国会中那些与台湾关系密切的议员，这些议员曾是他的主要支持者。不仅如此，尼克松为了避免招那些亲台势力的攻击，还开始加强美国同台湾的关系。

1974 年 8 月，尼克松辞去美国总统之职。水门事件对于美国外交政策的影响是深远的，继任总统福特在其就职的时候说："这样一个历史时刻使我们感到不安，使我们感到痛心。"虽然福特总统上任后一再表示，美国的对华政策不变，美国将"继续信守上海公报的原则"。但是，一个显而易见的事实是，由于共和党在水门事件中大伤了元气，他所领导的政府从一开始就处在一种软弱无力的地位，根本不敢在台湾问题上有所松动。

1974 年 10 月 21 日，美国新任驻中国联络处主任布什飞抵北京，在谈到妨碍美国和中国最终建立外交关系的台湾问题时，他说："就此事的紧迫性来说，就此事是否需要大大加速进行来说，我认为我们有很大的余地可以按照我们自己的考虑和这个国家的政府的考虑而定，因此，在这个问题上，美国并不十分忙。"但他又说，我们愿意看到中美关系"继续改进"。在台湾问题上采取拖的方针，以维持中美关系的现状，构成了福特总统对华政策的一个重要特点。中美关系正常化的进程由此陷入了僵局。

## 卡特政府的探索

1977 年，美国卡特政府上台后，开始寻找解决台湾问题的新途径。同年 6 月 30 日，卡特在华盛顿举行的记者招待会上谈到美国的对华政策时说，他希望美国能够同中华人民共和国达成一项建立正式外交关系的协议，而又仍然保证台湾人"维持和平生活"。为此，他决定派遣国务卿万斯对中国进行一次"探索性"的访问。

1977 年 8 月 23 日，万斯在北京同中国外长黄华举行正式会谈。万斯说：只要我们能够寻求一个基础，不致危害中国人自己和平解决台湾问题的前景，并能使美国同台湾非正式的接触得以继续，那么，总统就准备使美中关系正常化。上海公报承认只有一个中国，因此，我们准备承认中华人民共和国是中国唯一合法政府。万斯代表美国政府声明，美国同台湾的防御条约即将"终止"，美国将从台湾全部撤走其军事力量和军事设施。但是万斯提出，中美建交后"必须通过一项非正式协定，让美国政府人员继续留在台湾"。万斯解释说，这种人员不具有外交人员性质，也没有国旗和政府印鉴等大使馆的特征或权利。万斯还表示，在适当的时候，美国将公开声明希望和平解决台湾问题，希望中国不发表对美国政府声明的声明。万斯的这个方案与中方的要求仍有较大的距离，没有为中方所接受。黄华坚持中国关于中美建交的三项基本条件，并发表了措辞强硬的讲话。

8 月 24 日，邓小平会见了万斯一行。邓小平认为万斯所阐明的美国立场，是从上海公报后退。这次中美会谈虽然没有能够就台湾问题达成一致意见，但对双方熟悉和了解对方的立场是有帮助的，这在一定程度上打消了美国政府指望中国在台湾问题上作出较大让步的不切实际的幻想。

1978 年春，中美关系正常化问题出现了新的转机。

首先，是由于美苏关系出现了波折。苏联利用"缓和"稳定了西线，又开始向非洲渗透。这就向美国提出了一个问题：苏联利用第三世界的地区纠纷扩大自己的势力范围，这与美国所指望的固定世界现状的缓和原则是相容的吗？

其次，是由于苏联这几年核力量有迅速增长的趋势，而在限制战略核武器谈判中却没有体现出诚意。美国国内的舆论中有一种越来越强烈的观点认为，苏联因"缓和"单方面获了利，而美国却吃了亏，从而对美国的对苏缓和政策产生了越来越大的怀疑。这种情况促使美国政府重新关注中美关系正常化问题。

最后，中国在结束了"文化大革命"之后，开始重提"四个现代化"的战略目标，准备大量引进西方的先进技术和设备，这样一个巨大的市场对于美国无疑是有吸引力的。

1978年5月17日，卡特对即将访华的总统国家安全事务助理布热津斯基下达了具有决定性意义的指令："美国的决心已下"，已经准备积极协商向前推进，消除正常化的各种障碍。卡特让布热津斯基"不妨非正式地向中国人表明，美国正在打算在今年进一步减弱它在台湾的军事存在"，最为重要的是，卡特授权布热津斯基转告中国方面，美国接受中国关于正常化的三项条件（断交、废约、撤军），并重申尼克松和福特政府以前声明的五点。但是，接受中国的三项基本条件并不妨碍美国坚持台湾问题的和平解决，美国将保留向台湾提供武器的权利。卡特指示布热津斯基应当向中国申明，美国将坚持这些条件，并探讨若干双方都能接受的方案。

由于有了这份条件明确的指示，美国总统特使布热津斯基于1978年5月下旬访华，向中国方面表示，美中关系是美国全球政策中的一个中心环节，美国政府已下决心要同中国实现关系正常化，并愿意接受中国提出的建交三原则，但希望（而非作为条件）在美方作出期待台湾问题得到和平解决的表示时，不会明显地遭到中国的反驳，这样美国国内的困难将更容易解决。对此，邓小平回答说，双方都可以表达自己的意见。美方接着提议，双方下个月开始就中美建交问题进行高度机密性的磋商。邓小平代表中方接受了这一建议。

## 艰苦谈判，达成协议

从 1978 年 7 月起，中美开始在北京举行建交秘密谈判。

经过多次谈判，中美双方的立场有所接近。1978 年 11 月初，美国驻华联络处主任伍德科克在与黄华的会谈中，提出了美方拟定的建交公报草稿，其中建议把 1979 年 1 月 1 日作为中美正式建交的日期。在这之后由于黄华外长生病，中方改由韩念龙代外长与伍德科克举行谈判。中国也提出了一份建交公报草案，其中含有同意以 1979 年 1 月 1 日或 3 月 1 日为正式建交日期的内容。

这时国际国内形势的发展要求中美两国领导人抓住时机，早下决断。

当时由于中越关系急剧恶化，苏越又签订了同盟条约，中国已在考虑对在边境不断挑衅的越南采取惩罚性的有限反击。在这种情况下，为了牵制苏联，中国需要加强同美国的关系。

另一方面，中国国内的形势也发生了很大变化。1978 年 11 月 10 日至 12 月 15 日，中共中央在北京召开工作会议，就政治局根据邓小平建议提出的全党工作重点转移到社会主义现代化建设上来的问题，进行了认真的讨论，为随即召开的具有深远意义的党的十一届三中全会做了充分的准备。至此，邓小平在党内的地位和影响已经巩固，全党工作重点转移已如箭在弦。从现代化建设的角度来看，中国需要加强同美国的关系，尤其是经济关系。而美国也迫切希望打进具有巨大经济潜力的中国市场。这些因素都增加了中美尽早完成两国关系正常化的决心。

在中美建交谈判的关键时刻，邓小平于 1978 年 12 月 15 日会见了美方代表伍德科克，并与他就建交公报草案进行了讨论。鉴于美国要求于 1979 年底按条约规定期满"自动终止"美台共同防御条约，邓小平要求美方在该条约仍然有效的最后一年里不要再向台湾出售武器。邓小平还代

1978 年 12 月 16 日《人民日报》印发的中美两国建交的联合公报号外

表中国方面爽快地接受了卡特总统请他访问美国的正式邀请。这意味着历时半年之久的中美建交谈判终于取得了"突破"。这是中美双方共同努力的结果。其中邓小平和卡特总统的决断起了决定性的作用。

从 1978 年 7 月到 12 月，中美双方进行了近半年的艰苦谈判，最后达成以下协议：

一、美国承认中国关于只有一个中国、台湾是中国的一部分的立场，承认中华人民共和国政府是中国的唯一合法政府，在此范围内，美国人民将同台湾人民保持文化、商务和其他非官方关系；

二、在中美关系正常化之际，美国政府宣布立即断绝同台湾的

"外交关系"，在 1979 年 4 月 1 日以前从台湾和台湾海峡完全撤出美国军事力量和军事设施，并通知台湾当局终止《共同防御条约》；

三、从 1979 年 1 月 1 日起，中美双方互相承认并建立外交关系，3 月 1 日互派大使，建立大使馆。

从中美双方达成的协议来看，两国都作出了一定程度的让步。在达成上述协议的基础上，中美两国于 1978 年 12 月 16 日（美国时间 12 月 15 日），共同发表了中美建交联合公报。同一天，中美两国还分别就台湾问题发表政府声明。

美国政府的声明指出：1979 年 1 月 1 日，美利坚合众国将通知台湾，结束"外交关系"，美国和中华民国之间的共同防御条约也将按照条约的规定予以终止。美国政府还声明，在 4 个月内从台湾撤出美方余留的军事人员。"今后，美国人民和台湾人民将在没有官方政府代表机构，也没有外交关系的情况下保持商务、文化和其他关系。"美国政府的这一立场，以变通的方式基本上满足了中国一再坚持的"断交、废约、撤军"的建交条件。这是值得肯定的。但美国政府声明，它将"继续关心台湾问题的和平解决，并期望台湾问题将由中国人自己和平地加以解决"。这又为其以后再度插手台湾问题留下了一个伏笔。不过，美国政府单方面的这一声明对中国没有任何约束力。中国政府在同一天的声明中对此作出了相应的回答。

中国政府的声明指出：台湾问题曾经是阻碍中美两国实现关系正常化的关键问题。根据上海公报的精神，经过中美双方的共同努力，现在这个问题在中美两国之间得到了解决，从而使中美两国人民热切期望的关系正常化得以实现。至于解决台湾回归祖国、完成国家统一的方式，这完全是中国的内政。这段话既肯定了中美两国政府在台湾问题上达成的共识，又针对美方声明"关心台湾问题的和平解决"作出了恰当的回答。

中美关系正常化是当代国际关系中的一个重大历史转折。由于中美关系正常化，中国所倡导的反对霸权主义的国际统一战线扩大了，中国的外交基础由此更加巩固，这对于当时苏联的扩张势头和越南的地区霸权主义起到了有力的遏制作用，对维护和加强世界和平与稳定作出了积极的贡献。

中美关系正常化也是两国关系史上的一个重大转折。中美关系从此步入了一个新的历史阶段。随着联结两国关系纽带的恢复，两国在政治、经济、科学、技术乃至军事上的交流与合作，都将得到前所未有的全面发展。这不仅为中国正在进行的现代化建设事业提供了良好的国际环境，同时也为美国重整国力赢得了时间和回旋的余地。这对于中美两国都具有重要的意义。

1979 年 1 月 1 日，随着新的一年的来临，中华人民共和国和美利坚合众国这两个大国正式建立起全面的外交关系。在此前一天，台湾当局的"国旗"在数百名面色阴沉的观众面前，从台湾驻美"使馆"最后一次降落。

# 创办经济特区

———

邓小平细细寻思，他说："深圳，就叫特区吧！"

习仲勋喜出望外，脱口而出："特区，好！"

"中央没有钱，你们自己搞，要杀出一条血路来。"

"出口特区"改称"经济特区"。

1979 年，邓小平指示广东省委负责人：还是办特区好，中央没有钱，你们自己去搞，杀出一条血路来！随后，深圳、珠海、汕头、厦门四个经济特区的建设，在希望和疑虑的目光中先后起步了。由此，一个新的奇迹开始创造。

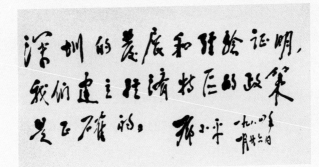

◯〜◦ 邓小平为深圳特区的题词

## "深圳，就叫特区吧！"

在 1979 年 4 月的中央工作会议期间，邓小平在中南海听取了广东省委负责人习仲勋、杨尚昆的汇报。

习仲勋讲了广东经济的现状，谈了广东省开放、搞活的设想。其中着重谈到，省委要求允许在深圳、珠海、汕头划出一定地区，单独进行管理，作为华侨、港澳同胞和外商的投资场所，按照国际市场的需要组织生产，"类似海外的出口加工区"。

邓小平听着习仲勋的汇报，细细寻思。这块地方该叫什么呢？工业区，贸易区，出口加工区，贸易合作区，都不准确。他想了想，说："深圳，就叫特区吧！"

"特区，好！"习仲勋喜出望外，脱口而出。

"对，办一个特区。过去陕甘宁边区就是特区。中央没有钱，你们自己搞，要杀出一条血路来。"

一个影响中国改革开放的重大事件终于登上了历史舞台。

与此同时，福建省的负责人也向中央提出了与广东省类似的设想。中央同意了两省的意见。中央工作会议后，党中央和国务院派当时主管这方面工作的中央书记处书记、国务院副总理谷牧带领工作组赴广东、福建考察，同两省领导同志一起，研究关于实行对外经济活动的特殊政策、灵活措施和办特区的问题。

1979 年 6 月 6 日，中共广东省委向中央递交了《关于发挥广东优越条件，扩大对外贸易，加快经济发展的报告》。报告中有一个"试办出口特区"的专题。《报告》提出：

"在深圳、珠海和汕头市试办出口特区。特区内允许华侨、港澳商直接投资办厂，也允许某些外国厂商投资办厂，或同他们兴办合营企业和旅游等事业。"

"既要维护我国的主权，执行中国法律、法令，遵守我国的外汇管理和海关制度；又要在经济上实行开放政策。"

"特区的建设，要搞好总体规划，搞好基础设施，如供水、供电、道路、码头、通讯、仓储等。所需投资，采取财政拨款、银行贷款和吸收外商资金等办法解决。在发展步骤上，要先搞加工装配、轻型加工工业和旅游事业等，逐步积累资金，再兴办加工程度高的项目。三个特区建设也要有步骤地进行，先重点抓好深圳市的建设。"

"请中央有关部门加强领导，给予帮助。并拟邀请国内有关专家，来我省参与规划和制订办法等工作。"

几乎与此同时的6月9日，中共福建省委、省革委会也向中央递交了《关于利用侨资、外资，发展对外贸易，加速福建社会主义建设的请示报告》。在这个报告中提出了设立厦门出口特区，"厦门出口特区的设立和办法，按照中央的有关规定办"。

7月15日，在慎重调查研究的基础上，中共中央、国务院批转了广东、福建两省的报告，在这个题为《中共中央、国务院批转广东省委、福建省委关于对外经济活动和灵活措施的两个报告》（中发〔1979〕50号）的文件中批示：

关于出口特区，可先在深圳、珠海两市试办，待取得经验后，再考虑在汕头、厦门设置的问题。拟随时组织一个协调小组，随时了解闽、粤两省执行政策的情况，适时协调有关方面的关系，适时解决矛盾，使这个对外经济活动的新的特殊的政策得到顺利的进行。

考虑到随着对外经济活动的开展，势必带来资本主义思想和资产阶级生活作风的影响，这份文件还要求两省："要把工作做到前头，加强思想政治工作，坚持四项基本原则，防止和抵制资产阶级思想的侵蚀和影响。"

这个文件中称"出口特区"，当时主要是为了区别于资本主义国家地区办的"出口加工区"。

8月底，根据中央指示，广东省组织专门班子着手进行《广东省经济特区条例》的起草工作。

党中央、国务院委托谷牧于 1980 年 3 月 24 日至 30 日，在广州召开广东、福建两省会议，最后形成了《广东、福建两省会议纪要》。《纪要》指出，特区建设"必须采取既积极、又慎重的方针"；"特区的管理，在坚持四项基本原则和不损害主权的条件下，可以采取与内地不同的体制和政策"；"特区主要是实行市场调节"。这次会议还原则同意广东省起草的《经济特区暂行条例》，待经进一步修改后报国务院。这份《纪要》把特区的名字由"出口特区"改为了"经济特区"。

1981 年 7 月 19 日，党中央、国务院发出文件（中发［1981］27号），批准了这个会议纪要。这个文件为四个特区的全面建设统一了思想，提供了具体指导。

## 特区建设在疑虑和责问中全面起步

在四个特区的建设中，深圳特区先走了一步。在深圳特区的建设中，蛇口工业区又先行了一步。蛇口工业区于 1979 年 7 月开工建设，经国务院批准，蛇口由香港招商局负责投资开发，是以对外出口为主的工业区。它实行"以工业为主，积极引进，内外结合，综合发展"的方针，重点发展工业，相应发展为工业服务的商业、房产、旅游、运输等行业。蛇口工业区的"五通一平"工程在 1980 年底基本完成，打响了特区建设的第一炮，并以它的特有魅力，吸引了一批又一批赴特区的建设者。

在继深圳经济特区首先动工建设之后，1980 年 10 月，珠海经济特区正式开始动工建设；1981 年 10 月，厦门经济特区开始动工建设；1981

特区建设以吸引外资为主，对外来投资实行优惠政策。图为 1981 年 10 月，深圳蛇口工业区负责人袁庚向香港中华总商会会长王宽诚等人介绍蛇口建设情况。

年 11 月，汕头经济特区开始动工建设。至此，四个经济特区的建设全面展开。此时，深圳、珠海、汕头、厦门四特区的面积分别有 327.5 平方公里、6.7 平方公里、1.6 平方公里、2.5 平方公里。

特区建设刚刚起步，但特区的"时间是金钱，效率是生命"的观念，在全国产生了极大的影响。为全国后来的大改革、大开放创造了可供借鉴的经验。

创办经济特区是我国经济体制改革进程中的大胆创新，我国特区的政策和管理体制是在实践中不断总结完善的，四个特区也是在克服困难、排除干扰中开拓前进的。

1981 年底和 1982 年初，有一个调查组到深圳、珠海、汕头和厦门四个经济特区作了"调查"，写了"调查报告"，开头是特区的肯定性简况，后面则详述"特区建设中也暴露出许多严重问题":"引进外资和设备有很大盲目性","同外商打交道吃亏上当的情况还相当严重","引进企业的职工所得太多(月平均为 150 元,少数人高达 200 元、300 元甚至 500 元)","经济管理相当混乱",等等。其中最重要的是指责"经济特区成了走私贩运通道,不法外商同特区和非特区的一些企业勾结,进行违法活动。1980 年,仅广东海关查获的走私案件就有 511 件,价值 2471 万元;1981 年 1 至 11 月,查获 1221 起,价值 2321 万元,不少是特区海关查获的"。

这份"调查报告"警告道:"引进外资成片开发,要警惕有形成变相租界的危险。"他们在撰写这份"报告"的同时,又整理了一份材料,题为《旧中国租界的由来》,发向全国各省市。

就在这时,社会上一些人趁机指责经济特区的开拓者,说引进外资,开发特区,搞土地有偿使用,是因袭历史的老路,搞变相租界,"卖国",给海外资本家提供奴役和剥削我国劳动人民的独立王国。

因而,"调查报告"的最后这样写道:"在经济特区,外资充斥市场,宗教迷信活动加剧,淫秽物品大量流进,暗娼增多,台湾反动宣传加紧渗透,港台电视也占领了阵地,特区几乎成了不设防的城市。"

各种社会舆论和流言蜚语沸沸扬扬,有的说,"特区搞错了,要刹车";有的说,"特区除了天上飘着的五星红旗以外,地上搞的都是资本主义那一套","特区乌七八糟,成什么样子?几十年的革命成果,生命与鲜血换来的社会主义江山,可不能白白断送在你们手里"!深圳特区的"拓荒牛",几乎无日不在被咒骂、中伤和围攻中。

这个时候,在广东担负主要领导职务的是任仲夷、梁灵光等,他们顶住了压力,没有动摇。具体操持特区事宜的吴南生等有关同志面对压力,也没有退步,他们在给上级的总结中说:

"经过两年多的努力，我省各特区的建设已取得明显的成绩。除汕头特区起步较晚以外，深圳、珠海特区已初步打开了局面，在国外引起了好评。深圳、珠海特区原来都是荒僻的边陲县镇，现已成为初具规模的城市……这两个地方，原来都是农业渔业县，现已办起了一批具有比较先进的技术水平和经营管理水平的工业、交通和旅游业；过去经济、文化发展十分缓慢，自从试办特区以后，面貌日新月异，已成为全省经济、文化发展速度较快的地区。"

总结以大量翔实的事例、确凿的数字说明："事实充分证明，中央关于试办经济特区的决策和一系列政策是深得人心的，是完全正确的。"

邓小平等中央领导同志对特区建设一直全力支持。在 1980 年 12 月 16 日至 25 日的中央工作会议上，邓小平指出："在广东、福建两省设置几个特区的决定，要继续实行下去。"

陈云指出："打破闭关自守的政策是正确的。"陈云十分强调总结特区的经验，他在 1981 年底和 1982 年初，两次提到："广东、福建两省的特区及各省的对外业务，要总结经验。"他在文件中批示指出："特区要办，必须不断总结，力求使特区办好。"这些指示，使经济特区的建设者受到了极大的鼓舞。

1984 年 1 月，邓小平为深圳经济特区题词："深圳的发展和经验证明，我们建立经济特区的政策是正确的。"

# 百万大裁军

---

邓小平："军队要消肿"，"虚胖子能打仗？"
消"肿"必须改革体制。
改革的主要办法大体上是撤、并、降、交、改、理等。
脱胎换骨的"大手术"。

裁军，这个在国际上吵嚷了多年而不见成效的话题，在中国付诸行动了。1985 年，邓小平在军委扩大会议上宣布：中国政府决定，中国人民解放军减少员额一百万，军队减到三百万。

## 裁军方案出台

抗美援朝战争结束后，为适应国家经济建设和军队建设的需要，军队总人数逐年减少，到 1958 年降到了最低点，整个军队比较精干。但是林彪主持军委工作后，军队人数逐年增加。尤其"文化大革命"后期，由于"需要就是编制"错误思想的指导和随时准备"早打、大打、打核战争"的弦绷得太紧，人民解放军几乎到了臃肿不堪的地步，军队总人数达到战争时期的最高额。

从 1975 年到 1984 年的十年中，邓小平就军队消"肿"问题，大会讲，小会讲，集体谈，个别谈，据不完全统计，多达数十次。直到 1984 年

11 月军委座谈会上，他郑重地提出了思考多年的精兵思想：在军队几次整编的基础上，再裁减员额一百万。这对全军来说将是一个巨大的变化。

1985 年五六月间，军委召开扩大会议，制定了军队改革体制、精减方案。邓小平在会上正式宣布：中国政府决定，中国人民解放军减少员额一百万，军队减到三百万。

6 月 8 日，中共中央、国务院、中央军委发出《关于支持军队体制改革、精简整编的通知》，要求各地政府要主动帮助解决好部队干部、职工的安置和精简整编中出现的其他问题。

7 月 10 日，中央军委副主席杨尚昆指明了精简整编的方针原则：

一是既要坚持我军建设的基本原则，继承过去好的传统，又要不断研究、探索现代条件下军队建设的新路子。

二是要实行精兵政策，减少数量，提高质量。

三是要把重点放在改善武器装备和提高人的素质上，并实行科学的编组，使人和武器装备更好地结合起来。

四是既要使我军成为保卫社会主义祖国的钢铁长城，又要使我军成为建设社会主义物质文明和精神文明的重要力量。

7 月 27 日，中共中央、国务院又发出《关于尊重爱护军队积极支持军队改革和建设的通知》，要求全党、全国人民深刻理解军队进行改革、精减这一战略决策的重大意义，认识军队在现代化建设中的地位和作用，在全社会造成尊重、爱护军队的良好风尚，并从各方面大力支持军队的改革和建设。

1985 年的百万大裁军方略出台了。

## 脱胎换骨的"大手术"

1975 年到 1985 年全军进行了五次大的精简、调整，总人数减去一

半，其中 1985 年这一次就裁减一百万。这是一项十分艰巨、非常复杂的
工程。如何减法呢？对此，曾任中国人民解放军副总参谋长、主管军队组
织编制工作的何正文回忆说：

> 这是当时我们总参谋部整天思考、整天讨论的问题。十多年来我
> 们在如何精简整编问题上，有过胜利，也有过曲折，走过了一个不断
> 认识、探索，逐步完善、提高的过程。在这个过程中，邓主席给我们
> 及时指明了改革方向，制定了正确的政策、措施和步骤。从而使全军
> 的消"肿"、精简工作一步一步地顺利进行。除开 1975 年整编因"四
> 人帮"干扰没有进行下去不说，以后的三次精简、调整都遇到了这样
> 一个问题：少数单位和机关精简一次膨胀一次，边减边增，互相攀
> 比，人浮于事；部队今年简编，明年又扩编；干部转业了一批又再提

按照现代战争的需要，解放军组建了陆军航空兵、电子对抗部队等新兵种，图为陆军航空兵
进行冬季演练

一批，提了又转业；直属保障单位和院校等也是如此，这里下命令撤销、合并或者收缩，可那边又要重建、分编和扩大。这种状况导致了有些单位的精简整编出现了精简—增编—再精简—再增编的恶性循环。

正当我们为此事大伤脑筋的时候，邓小平提出了要搞体制改革的问题。1980年3月，邓主席在军委常委扩大会议上指示我们，体制问题，实际上同"消肿"是一个问题的两方面。要"消肿"，不改革体制不行。1981年底，他又指出，精简整编，要搞革命的办法；用改良的办法，根本行不通。事隔不到半月，小平同志进一步告诫全党，精简机构是一场革命。如果不搞这场革命，让党和国家的组织继续目前这样机构臃肿重叠、职责不清……这是"难以为继"，"不能容忍"的。

因此，1984年11月，邓小平在讲军队精简一百万时明确指出，"这次减人，要同体制改革结合起来"。

改革的主要办法大体上是撤、并、降、交、改、理等。

"撤"，就是成建制地撤部队，包括撤军、撤师等；

"并"，主要是合并机构，像大军区合并、院校合并等；

"降"，则是指降低有些单位的机构等级和压缩其规模，如兵团级、军级机构压为军级、师级等；

"交"，是将部分属于政府职能的机关部队，如县市人武部和内卫部队等交给国家和地方政府有关部门；

"改"，是对有些保障单位实行企业化管理、部分干部职务改用士官或兵等；

"理"，则是指调整理顺各方面的关系。

◯◠◦ 中国自行设计建造的大型导弹驱逐舰，增强了中国海军装备力量。

对改革裁减过程中遇到的难题，何正文以合并、减少四大军区为例，深有感触地回忆说：

> 改革是十分困难的。以合并、减少四个大军区为例，这可真是一场牵动人心的"革命"。精心设计、精心施工的战备工程，配套成龙的保障设施，互相熟悉、得心应手的办事机构，还有那同自己工作和成长联系在一起的具有光荣历史的番号等等，这是数十万人花了几十年心血所建成、形成的东西，一旦要放弃，这无论从工作、生活或感情上讲，都是很痛的。然而，为了落实军委的战略决策，我们的指挥人员、政工人员、机关工作人员和各方面的保障人员，坚决而又愉快地按时做到了。

但是，同合并相比较，撤销就更复杂了。

1985年我军陆军部队的建制单位撤销了四分之一。特别是那些有着几十年光荣历史，具有赫赫战功的部队，一下子撤销了番号，不论是对军委决策层，还是部队的广大指战员，确实是于心不忍、于心不快。但是，我们的人民军队是好样的，战争年代指到哪儿打到哪儿，和平时期党叫干啥就干啥。为了党的事业，叫留叫撤，二话不说。有个部队为了最后向军旗告别，干部战士含着热泪举行了最后一次分列式。

## 胜利完成裁军任务

经过军民齐动员，上下共努力，到 1987 年，百万大裁军的浩大工程顺利完成。

军队规模大为压缩。全军共撤并了军以上机构 31 个，师、团单位 4000 余个，总参谋部、总政治部、总后勤部机关人员减少近一半。撤并这么多机构，可以减少很多干部和大量保障人员，这对完成精简 100 万人的任务，无疑起到了决定性作用。全军编余干部共 60 多万人，到 1986 年底安置 37 万人，加上 1987 年转业 12 万，共安置约 50 万。由于裁军中干部的比重增大，官兵比例由原来的 1∶1.45 降低到 1∶3.3。

军队编制有较大变动。大军区由原来的 11 个合并为 7 个，解决了某些军区战役纵深、独立作战能力弱的问题。合并成立军队的高等学府国防大学，改变了高级干部培训分散多头的状况。

陆军的军编成集团军，加大了特种兵比重，提高了合成的程度，增强了整体威力和作战能力。实行军士制度，将军队内部管理的 76 种干部职务改由军士担任，以稳定技术骨干。县市人民武装部门改归地方建制。军队后勤体制也进行了改革。

裁军百万，对节省军费、支援国家经济建设、减轻人民负担，意义重大。同时，更利于改善武器装备，提高部队战斗力。兵贵精不贵多。正如邓小平指出的，裁军百万，实际上并没有削弱军队的战斗力，而是增强了军队的战斗力。裁军百万，是中国政府和中国人民有力量有信心的表现。

通过指导思想的战略性转变，百万裁军的完成，以及相应整编调整，人民解放军逐步地成长为一支机构精干、指挥灵便、装备精良、训练有素、反应快速、效率很高、战斗力强的、具有中国特色的现代化、正规化、革命化军队。

# "863 计划"

———

美国开始实施"星球大战"计划。

四位老科学家联名致信邓小平。

邓小平:"此事宜速作决断,不可拖延。"

"863 计划"成果斐然。

1986 年 3 月,中共中央、国务院采纳四位科学家的建议,作出了一项意义重大而深远的决策:批准实施《高技术研究发展计划("863 计划")纲要》。这一计划旨在选择几个重要的高技术领域,跟踪国际水平,缩小与国外的差距,力争在我国有优势的领域中有所突破。从此,数以万计的科技工作者汇集在这面发展中国高科技的大旗下,顽强拼搏,勇攀高峰,在生物、航天、信息、激光、自动化、能源、新材料等 7 大领域(1996 年增加了海洋技术领域)内取得了举世瞩目的成就。

## 四位科学家联名致信邓小平

20 世纪 70 年代以来,科学技术前沿孕育着一系列新的重大的突破,信息技术、生物技术、能源技术、新材料技术、空间技术、海洋技术等高新技术及其产业群迅速崛起,为人类社会带来革命性的影响和变化。高技术越来越成为经济增长、社会发展和文明进步的主要推动力。

为了争夺高技术这一未来国际竞争的制高点，世界上许多国家纷纷投入人力物力，把发展高技术作为国家发展的重要战略之一。1983 年美国开始实施"星球大战"计划，随后，欧洲启动"尤里卡"计划，日本也制定了"今后十年科学技术振兴政策"等等。从而在世界范围内掀起了一个发展高技术的浪潮。

全球新一轮的高技术革命的竞争和挑战形势，引起了我国政府和科技界的高度关注。1986 年 3 月 3 日，王大珩、王淦昌、陈芳允、杨嘉墀四位老科学家给邓小平等写信，提出要跟踪世界先进水平，发展我国高技术的建议。

王大珩把信写好后，通过什么途径送上去呢？他回忆说：

> 按常规，这个建议应该先上报科学院，再由科学院酌情逐级上报。但这样做显然需要等待很长的时间，而且还不知道最终是否会送到小平同志那里。当时，我的内心十分焦虑。我想，我不能再等下去了，世界局势的急剧变化和我们的国情也不允许我们再等待下去了。我必须想办法把这个建议尽快送到小平同志的手中。为此，我很唐突地贸然找到小平同志的一位亲属，请求他向小平同志直接递交我们的这封信。

## 《高技术研究发展计划（"863"计划）纲要》出台

当天，四位科学家的信顺利地送达邓小平手中，并受到邓小平的高度重视。

3 月 5 日，邓小平亲笔批示："这个建议十分重要"，"找些专家和有关负责同志讨论，提出意见以供决策"。他强调："此事宜速作决断，不可拖延。"

　　邓小平这个批示，是一个具有深远意义的伟大决策，从此，中国的高技术研究发展进入了一个新阶段。为了使这一计划切实可行，将风险减少到最低限度，在此后的半年时间里，中共中央、国务院组织200多位专家，研究部署高技术发展的战略，经过三轮极为严格的科学和技术论证后，1986年10月，中共中央、国务院批准了《高技术研究发展计划（"863计划"）纲要》。由于科学家的建议和邓小平对建议的批示都是在1986年3月作出的，这个宏伟计划被命名为"863计划"。

　　我国是一个发展中国家，从国情出发，我国在较长时期内，还没有条件投入大量人力、物力、财力，去全面大规模地发展高技术，不可能也没有必要在世界范围内同发达国家开展争夺高技术优势的全面竞争。因此，"863计划"从世界高技术发展趋势和中国的需要与实际可能出发，坚持"有限目标，突出重点"的方针，选择生物、信息、航天、激光、自动化、能源、新材料等七个技术领域的15个主题项目作为研究发展重点（1996年增加了海洋技术领域），希望通过15年的努力，力争达到下列目标：

　　1. 在几个最重要高技术领域，跟踪国际水平，缩小同国外的差距，并力争在我们有优势的领域有所突破，为20世纪末特别是21世纪初的经济发展和国防安全创造条件；

　　2. 培养新一代高水平的科技人才；

　　3. 通过伞形辐射，带动相关方面的科学技术进步；

　　4. 为21世纪初的经济发展和国防建设奠定比较先进的技术基础，并为高技术本身的发展创造良好的条件；

　　5. 把阶段性研究成果同其他推广应用计划密切衔接，迅速地转化为生产力，发挥经济效益。

　　"863计划"的总体目标是：集中少部分精干的科技力量，在所选择

⌐○〜 在"863计划"支持下,我国卫星气象技术等研发取得突破性进展。
图为1988年9月,中国"风云一号"气象卫星发回的第一张云图。

的领域积极跟踪国际发展前沿,努力创新,缩小同国外先进水平的差距,力争有所突破,并带动相关领域的科技进步,造就一批新一代高技术人才,为未来形成高技术产业准备条件,为20世纪末特别是21世纪我国经济和社会向更高水平发展和国家安全创造条件。

中国的宏伟的高技术研究发展计划,就这样坚定地开始实施了。

## "863计划"成果斐然

1996年4月,中共中央总书记、国家主席江泽民,中共中央政治局常委、国务院总理李鹏,中共中央政治局常委、中央军委副主席刘华清会见了参加"863计划"十周年工作会议的代表,并观看了"863计划"十

清华大学核能技术研究院承担的能源项目 10 兆瓦
高温气冷实验反应堆

周年成果展览。

　　江泽民在会见时指出，实施科教兴国战略，对于我国今后的发展和整
个现代化的实现是至关重要的。我们要牢牢把握历史机遇，大力发展高技
术及其产业，不断提高科技进步在推动经济增长中的作用，促进国民经济
增长方式的转变。

　　江泽民说，科学技术是经济发展的重要动力，是人类社会进步的重要
标志。发展高技术，要始终突出自主创新。创新是一个民族进步的灵魂，
是国家兴旺发达的不竭动力。发展高技术，要有所为，有所不为。我国的
经济和科技实力还有限，追求所有的高、精、尖技术是不现实的，应该量

力而行，突出重点，有所赶有所不赶。要紧密结合国家发展的目标，选择一批有基础有优势，国力又可以保证，并能跃居世界前沿，一旦突破对国民经济和社会发展有重大带动作用的课题，统一部署，精心组织，集中力量，重点攻克。发展高技术，是我国一项长期战略。要根据世界经济、科技发展的趋势和我们的国情，立足当前，着眼长远，既要为解决经济和社会发展的现实问题作出贡献，又要高瞻远瞩地筹划未来。对下世纪初可能影响我国发展的重大高技术问题，要及早作好部署和不失时机地加强研究开发。要大力宣传和普及高技术知识，努力培养跨世纪的高技术人才，保障我国的高技术蓬蓬勃勃地持续发展下去。

# 中苏两国关系实现正常化

———

三十年来苏联最高领导人对中国的第一次访问。

在礼遇上适当掌握分寸。

既要给苏联领导人热情的接待，又要避免造成重温旧好的错觉。

结束过去，开辟未来。

邓小平：现在我们可以正式宣布，中苏两国关系实现了正常化。

1989 年 5 月 15 日至 18 日，戈尔巴乔夫访问中国，这是自 1959 年算起，三十年以来苏联最高领导人对中国的第一次访问。

历史篇章的终结或展开，常常在转瞬之间完成。

1989 年 5 月 16 日。

北京，人民大会堂。一楼东大厅，一片热烈的气氛。

大厅内布置着中苏两国国旗，沙发间的茶几上摆放着一束束鲜花。一百多位中外记者聚集一堂，翘首以盼，等待采访中国领导人邓小平与时任苏共中央总书记的戈尔巴乔夫的历史性会见。

1989 年 2 月 5 日，中国除夕之夜，中苏双方就高级会晤的一些细节彻夜磋商。

当辞旧迎新的钟声响彻神州大地时，举国同庆的人们突然看到了中央电视台的屏幕上打出一行字幕：

应中华人民共和国主席杨尚昆的邀请，苏联最高苏维埃主席团主席、苏共中央总书记戈尔巴乔夫将于今年 5 月 15 日至 18 日对中国进行正式访问。

送别旧岁，迎来新春，巧合中蕴涵着多么深刻的含义！

中苏高级会晤是当时轰动世界的大事。为顺利实现中苏关系正常化，中国对这次会晤做了充分准备，从会谈方针到接待礼遇都做了妥善安排。会晤不回避分歧，不纠缠旧账，寻求共同点，着眼于未来，探讨在和平共处五项原则的基础上建立新型睦邻友好关系；而在礼遇上适当掌握分寸，既要给苏联领导人热情的接待，又要避免造成重温旧好的错觉。

1989 年 5 月 15 日，戈尔巴乔夫以苏联最高苏维埃主席团主席、苏共中央总书记的身份来华正式访问。中国国家主席杨尚昆前往北京机场迎接，并举行了欢迎仪式。戈尔巴乔夫发表书面声明说："我们同中国领导人要进行的会晤和谈判将对苏中关系，对建立在公认的国家间交往和睦邻的原则基础上的这种关系的进一步发展具有划时代的意义。""苏联一直怀着极大的兴趣密切地注视着正在中国进行的变革。但什么也比不上亲自到这个国家看一看，同它的领导人和老百姓进行直接接触。"

晚上，杨尚昆举行盛大宴会，招待戈尔巴乔夫一行。

次日，邓小平同戈尔巴乔夫举行了中苏高级会晤。中方参加的人员有：李先念、姚依林、吴学谦、钱其琛等；苏方参加的有：谢瓦尔德纳泽、雅科夫列夫、马斯柳科夫等。以下是戈尔巴乔夫 1995 年出版的回忆录《生平与改革》中关于这次会晤的描述：

5 月 16 日上午，在人民大会堂同邓小平举行了会晤。当时他已有 85 岁高龄，但谈起话来依然很有活力，不拘谨，根本不看稿子。邓问我是否还记得三年前罗马尼亚总统齐奥塞斯库带去的口信。当时他曾建议：如果能消除中苏关系正常化的"三个障碍"，便同我举行会晤。我说："对这一步骤我已给予应有的评价，这对我们的思想是个促进。"

邓小平：应当说，你最初几次公开讲话推动了这一问题的提出。在"冷战"，在多年对峙的情况下，有关的一些问题得不到应有的解决。世界形势依然很紧张。坦率地说，世界政治的中心问题是苏美关系问题。从你在海参崴的讲话中我已感到苏美两国关系有可能发生转机，已明显地显现出有可能由对抗转向对话，觉察到世界情势有可能"降"温。这符合全人类的愿望。这就向中国人民提出了一个问题：中苏关系可不可以改善？出于这样的动机，才给你带信。时间过了三年，我们才见了面。

戈尔巴乔夫：你提出了"三个障碍"，所以，需要三年的时间，

莫斯科

每一个障碍需要一年的时间。

邓小平：现在我们可以正式宣布：中苏两国关系实现了正常化（当时我们热烈握手）。今天你还要同中共中央总书记见面，这意味着我们两党关系也将实现正常化。

戈尔巴乔夫：我想，我们可以彼此祝贺我们两国关系正常化了。我赞同你对世界形势的看法。苏美关系，中苏关系，大国之间的关系以及整个国际形势正在走向新的轨道。在分析当今主要问题、世界社会主义问题时，我和你均发现有许多一致的方面。因此，我们彼此开始接近了。

这时邓小平说：

——我想谈一谈马克思列宁主义。

当时我颇感意外。他谈到了当今世界的变化、苏中关系，突然又转了话题。

他谈及：

——我研究马列主义有许多年了。从 1957 年起，即从莫斯科共产党会议起至 60 年代前半期，我们两党对这一个问题进行了尖锐的争论。

戈尔巴乔夫：我清楚地记得你当时同苏斯洛夫争论的情形。

邓小平：我算是那场争论的当事人之一，可以说，扮演了不是无足轻重的角色。从那时起，差不多过了三十年。回过头来看，需要指出：双方都讲了许多空话。

戈尔巴乔夫：我无须再加评论，我认为你的评价是可信的，我赞成你的想法，但三十年没有白过，我们搞清了许多事情。因此，我们对社会主义理想的忠诚并没有减弱，相反，我们对社会主义的思考达到了新的水平。

邓小平：我同意。马克思逝世一百年了。世界发生了巨大变化，各国出现了新情况。就是马克思也不可能回答他逝世后出现的全部问题。

戈尔巴乔夫：现在我们更加注意研究列宁的遗著，特别是苏维埃政权建立以后那一时期的著作。他当时也在改变和修正自己的观点。

邓小平：我赞同你的意见，但列宁也不能回答全部问题，预料到某些问题的出现。任何人都无权要求他做到这一点。当今的马克思列宁主义者必须根据具体情况，继承发展马克思列宁主义。

戈尔巴乔夫：我很重视我们这部分谈话，它使我们在评价马克思主义，在对社会主义的看法方面有可能发现一致的地方，使我们更好地评价我们一些国家的发展进程，以科学的态度制定政策，以科学的态度对待周围世界。

邓小平：我想再次强调指出，世界形势日新月异，科学发展很快，可以说，现在的一百天抵得住过去古老社会几十年，上百年。不能考虑新情况发展马克思主义，不是真正的马克思主义者，我们之所以说列宁是伟大的马克思主义者，就在于他不是从书本里，而是根据逻辑、哲学思想，在一个最落后的国家干成了十月革命。伟大的马克思主义者毛泽东也不是根据马克思列宁主义的刻板公式搞革命和建设的。要知道中国也是个落后国家。马克思能预料到在落后的俄国会实现十月革命吗？列宁能预料到中国会用农村包围城市夺取胜利吗？总之，应当说，墨守成规的观点只能导致落后。

戈尔巴乔夫结束在中国访问的当天，双方发表了《中苏联合公报》。这个公报概括了中苏高级会晤的成果，规定了发展新的中苏关系的基本原则。公报强调中苏两国将在互相尊重主权和领土完整、互不侵犯、互不干涉内政、平等互利、和平共处的国与国之间行之有效的普遍原则基础上建立一种新型关系。中苏双方愿意通过和平谈判解决争端，互不以任何形式，包括不利用同对方接壤的第三国的领陆、领水和领空使用武力及以武力相威胁。双方同意采取措施将中苏边境的军事力量裁减到与两国正常睦邻关系相适应的最低水平，并为边境地区加强信任、保持安宁作出努力。

公报还声明，中苏两国任何一方都不在亚洲和太平洋地区以及世界其他地区谋求任何形式的霸权，反对任何国家在任何地方谋求任何形式的霸权。双方认为有必要促进国际关系的根本健康化。

这次中苏首脑高级会晤是中苏关系的转折点，它结束了中苏关系多年来的不正常状态，实现了正常化。这不仅符合中苏两国人民的根本利益，也有利于亚洲和世界的和平与稳定。

邓小平与戈尔巴乔夫的历史性会晤，是中苏关系的转折点，为中苏关系史揭开了新的篇章。

# 邓小平南方谈话

———

"发展才是硬道理。"

"改革开放胆子要大一点，敢于试验，不能像小脚女人一样。"

邓小平向深圳市委负责人再一次叮嘱说："你们要搞快一点！"

"要警惕右，主要是防止'左'。"

1992 年初，在中国改革发展迎来历史机遇又面临诸多疑问和挑战的关键时刻，88 岁高龄的邓小平离开北京，视察了中国的南方。他沿途发表了一系列谈话，发出了震撼时代的强音，阐述了关于我国改革开放的许多重大理论问题。他的南方谈话，加快了我国改革开放和社会主义现代化建设的历史进程。

## "改革开放胆子要大一点"

治理整顿的结束和"七五"计划的完成，为加快改革开放和现代化建设创造了有利条件。中国迎来了加快改革和发展的关键时期，同时，中国的改革和发展也面临着极其复杂的国内外形势，各种分歧和争执愈发严重。

国际上，1990 年到 1991 年接连发生苏联、东欧剧变，社会主义运动在世界范围出现了严重曲折。国内，1988 年伴随价格改革引起的全国性抢购风潮，以及经济体制中一些深层次矛盾的暴露，1989年政治风波的发生……这一切，使一些人在思想上出现了困惑，有的人甚至提出改革开放究竟是姓"社"还是姓"资"的问题，担心搞市场经济，创办经济特区，发展非公有制经济等，会导致资本主义。这些疑虑和担心，归结起来就是：党的"一个中心、两个基本点"的基本路线还要不要坚持？中国的改革开放要不要坚持？中国的发展能不能加快？这是党在当时首先要解决的问题。

在这个党和国家历史发展的紧要关头，1992年1月18日至2月21日，邓小平先后视察武昌、深圳、珠海、上海等地。

在湖北武昌，邓小平对湖北省委、省政府负责人说："发展才是硬道理"，"能快就不要慢"；"不坚持社会主义，不改革开放，不发展经济，不改善人民生活，只能是死路一条"；办事情正确与否，判断的标准"应该主要看是否有利于发展社会主义社会的生产力，是否有利于增强社会主义国家的综合国力，是否有利于提高人民的生活水平。"

1992年1月19日，邓小平坐火车来到深圳特区。这是他第二次来到这里。一下火车，邓小平就在广东省和深圳市的负责人陪同下，乘车视察深圳市容。当看到8年前还是水田、鱼塘、小路和低矮的房

最早报道邓小平视察南方的《深圳特区报》

舍的一些地方，现在已变成了成片的高楼大厦，修建起纵横交错、宽大的柏油马路，呈现出一片兴旺繁荣和蓬勃发展的景象时，邓小平非常高兴。他一边欣赏市容，一边同省市负责人谈话。

在谈到办经济特区的问题时，邓小平很有感慨地说：

"对办特区，从一开始就有不同意见，担心是不是搞资本主义。深圳的建设成就，明确回答了那些有这样那样担心的人。特区姓'社'不姓'资'。从深圳的情况看，公有制是主体，外商投资只占四分之一，就是外资部分，我们还可以从税收、劳务等方面得到益处嘛！多搞点'三资'企业，不要怕。只要我们头脑清醒，就不怕。我们有优势，有国营大中型企业，有乡镇企业，更重要的是政权在我们手里。有的人认为，多一分外资，就多一分资本主义，'三资'企业多了，就是资本主义的东西多了，就是发展了资本主义。这些人连基本常识都没有。"

当谈到经济发展问题时，邓小平对陪同的省市领导人表示：亚洲"四小龙"发展很快，你们发展也很快。广东要用20年的时间赶上亚洲"四小龙"。他还指出：不但经济要上去，社会秩序、社会风气也要搞好，两个文明建设都要超过他们，这才是中国特色的社会主义。新加坡的社会秩序算是好的，他们管得严，我们应当借鉴他们的经验，而且比他们管得更好。

1月20日上午，邓小平参观了深圳市53层的国贸大厦。他在顶层的旋转餐厅俯瞰深圳市容，看到高楼林立，鳞次栉比，一派欣欣向荣的景象时，十分兴奋。他还坐下来，仔细看了一张深圳特区总体规划图。

深圳市委负责人在旁边向邓小平汇报说：深圳的经济建设发展很快，人民生活水平有了很大提高，1984年人均收入为600元，现在已是2000元。

听完汇报，邓小平与陪同的省市负责人作了半个多小时的谈话。他充分肯定了深圳在改革开放和建设中取得的成绩。然后，他指出：

"要坚持党的十一届三中全会以来的路线、方针、政策，关键是坚持'一个中心、两个基本点'。不坚持社会主义，不改革开放，不发展经济，不改善人民生活，只能是死路一条。基本路线要管一百年，动摇不得。"

邓小平还提出，建设中国特色的社会主义，要坚持两手抓，即一手抓开放，一手抓打击经济犯罪活动。这两只手都要硬。打击各种犯罪活动，扫除各种丑恶现象手软不得。在谈话中，他还强调，中国要保持稳定，干部和党员要把廉政建设作为大事来抓，要注意培养下一代接班人。

邓小平在谈话时，还要求要多干实事，少说空话，会太多，文章太长，不行。他指出："深圳的发展那么快，是靠实干干出来的，不是靠讲话讲出来的，不是靠写文章写出来的。"

1月21日，邓小平游览了深圳的中国民俗文化村和锦绣中华微缩景区。在驱车回迎宾馆的路上，他兴致勃勃地同陪同他的省市负责人说：

"走社会主义道路，就是要逐步实现共同富裕。共同富裕的构想是这样提出的：一部分地区有条件先发展起来，一部分地区发展慢点，先发展起来的地区带动后发展的地区，最终达到共同富裕。如果富的愈来愈富，穷的愈来愈穷，两极分化就会产生，而社会主义制度就应该而且能够避免两极分化。解决的办法之一，就是先富起来的地区多交点利税，支持贫困地区的发展。当然，太早这样办也不行，现在不能削弱发达地区的活力，也不能鼓励吃'大锅饭'。"

1月22日下午，邓小平在深圳市迎宾馆里接见了广东省委的负责人和深圳市的市委、市政府、市人大、市政协、市纪委的负责人，亲切地同他们一一握手，同他们合影。然后，邓小平又同他们作了重要谈话。他说：

"改革开放胆子要大一些，敢于试验，不能像小脚女人一样。看准了的，就大胆地试，大胆地闯。深圳的重要经验就是敢闯。没有一点闯的精神，没有一点'冒'的精神，没有一股气呀、劲呀，就走不出一条好路，走不出一条新路，就干不出新的事业。不冒点风险，办什么事都有百分之百的把握，万无一失，谁敢说这样的话？一开始就自以为是，认为百分之百正确，没那么回事，我就从来没有那么认为。"

深圳市委负责人对邓小平说："深圳特区是在您的倡导、关心、支持下才能够建设和发展起来的。我们是按照您的指示去闯、去探索的。"邓小平表示：工作是你们做的。我是帮助你们、支持你们的，在确定方向上出了一点力。

接着，邓小平又指出："社会主义的本质，是解放生产力，发展生产力，消灭剥削，消除两极分化，最终达到共同富裕。就是要对大家讲这个道理。证券、股市，这些东西好不好，有没有危险，是不是资本主义独有的东西，社会主义能不能用？允许看，但要坚决地试。看对了，搞一两年对了，放开；错了，纠正，关了就是了。关，也可以快关，也可以慢关，也可以留点尾巴。怕什么，坚持这种态度就不要紧，就不会犯大错误。"

在谈话中，邓小平还谈到：现在建设中国式的社会主义，经验一天比一天丰富；在农村改革和城市改革中，不搞争论，大胆地试，大胆地闯。

1月23日上午，邓小平离开深圳去珠海特区。在赴蛇口的路上，深圳市委负责人简要地向邓小平汇报了深圳改革开放的几个措施。邓小平听了之后表示：我都赞成，大胆地干。每年领导层要总结经验，对的就坚持，不对的赶快改，新问题出来抓紧解决。不断总结经验，至少不会犯大错误。

在蛇口港，邓小平走上码头几步后，又突然转回来，向深圳市委负责人再一次叮嘱说："你们要搞快一点！"当听到"我们一定搞快一点"这句回答时，邓小平高兴而放心地走进了轮船，离开了深圳，在广东省委负责人和珠海市委负责人的陪同下，赴珠海特区进行视察。

## "要警惕右，主要是防止'左'"

一艘快艇行驶在浩瀚的伶仃洋面上。在船舱中，邓小平一边戴着老花眼镜看地图，一边听省市负责人汇报改革开放和试办特区政策给广东和珠海带来的巨大的变化。

在听完广东省委负责人的汇报后，邓小平谈起了农村家庭联产承包的改革和经济特区的创办，再次强调要争取时间，抓住机遇，大胆地试，大胆地闯。他提醒大家：要警惕右，主要是防止"左"。要保持清醒的头脑，这样就不会犯大错误，出现问题也容易纠正和改正。他说，右可以葬送社会主义，"左"也可以葬送社会主义。中国要警惕右，但主要是防止"左"。

当快艇驶近珠海市的九洲港时，邓小平站起来，望着窗外的伶仃洋说：

我们改革开放的成功，不是靠本本，而是靠实践，靠实事求是。农村搞家庭联产承包，这个发明权是农民的。农村改革中的好多东西，都是基层创造出来，我们把它拿来加工提高作为全国的指导。实践是检验真理的唯一标准。我读的书并不多，就是一条，相信毛主席讲的实事求是。过去我们打仗靠这个，现在搞建设、搞改革也靠这个。我们讲了一辈子马克思主义，其实马克思主义并不玄奥。马克思主义是很朴实的东西，很朴实的道理。

1月24日上午，邓小平视察了珠海特区生化药厂，听取了厂总工程师迟斌元的汇报。当了解到该厂生产的"凝血酶"已成为我国第一个进入国际市场的生化药剂时，邓小平赞赏地说：我们应该有自己的拳头产品，创出我们中国自己的名牌，否则就要受人欺负。在参观该厂的生产车间时，邓小平对陪同的省市领导和厂负责人说：在科学技术方面，中国应有一席之地，你们这个厂的发展就是一席之地的一部分。中国应该每一年都有新东西，这样才能占领阵地。尽管我岁数大了，但我感到有希望，很有希望。这十年的进步很快，但今后会比这十年更快。全国各行各业都要通力合作，集中力量打歼灭战。每一个行业都要树立明确的战略目标。

1月25日上午，邓小平参观了珠海经济特区高新技术企业亚洲仿真控制系统工程有限公司。他听取了该公司的情况汇报后问道："科学技术是第一生产力的论断，你们认为站得住脚吗？"公司负责人游景玉回答说："我认为站得住脚，因为我们是用实践回答这个问题的。我们过去的实践、现在的实践和未来的实践都会说明这个问题。"邓小平听后，很高兴地对大家说："就是要靠你们回答这个问题，我相信它是正确的。"

1月25日上午，邓小平还参观了拱北芳园大厦（现已改名为粤海酒店）。他乘坐电梯来到第29层旋转餐厅，一边观赏拱北新貌和澳门风光，一边兴致勃勃地听取省市领导的汇报。

听完汇报后，邓小平沉思了一阵，很有感慨地说：在这短短的十几年内，我们国家发展得这么快，使人民高兴，世界瞩目，这就足以证明三中全会以来路线、方针、政策的正确性，谁想变也变不了，谁反对开放谁就垮台。说来说去，就是一句话，坚持这个路线方针不变。

珠海市委负责人汇报和介绍了改革开放给珠海这个昔日的边陲渔镇带来的历史性变化。改革开放前，珠海不少人外流到香港、澳门。特区创办后，珠海人的生活一天比天好起来，逐步过上了富裕日子，不少外流的珠海人也陆续回来了。邓小平听到这一汇报后，肯定地说："这好嘛！"

离开芳园大厦后，邓小平一行前往珠海度假村。路上，当他看到一幢幢漂亮的居民和农、渔民住宅时，禁不住问起来："广东的农民收入多少？"省委负责人回答说："去年全省人均收入1100多元。"邓小平说：我看不止这个数。如果是这个收入，盖不了这么好的洋房，买不起这么好、这么多的家当。这个算数不准确，有很多没有算进去。

当汽车经过景山路时，邓小平看到从车窗外一闪而过的一座座厂房，高兴地说：现在总的基础不同了，我们以前哪有这么多工厂。几个工厂都是中等水平。现在大中型厂子里头的设备多好呀。过去我们搞"两弹"必需的设备和这些比，差得远呢，简单得很哪，不一样啦！

说到这里，邓小平又谈起了经济发展的速度问题。他说：经济发展比较快的是1984年到1988年。这五年，首先是农村改革带来了许多新的变化，农作物大幅度增产，农民收入大幅度增加，乡镇企业异军突起。广大农民购买力增加了，不仅盖了大批新房子，而且自行车、缝纫机、收音机、手表"四大件"和一些高档消费品进入普通农民家庭。那几年是一个非常生动、非常有说服力的发展过程。可以说，这个期间我国财富有了巨额增加，整个国民经济上了一个新的台阶。

1月27日上午，邓小平、杨尚昆等人在叶选平等人的陪同下，来到珠海内联企业江海电子股份有限公司考察。他听了公司副总经理丁钦元的汇报后，对该公司打破铁饭碗，实行股份制，把职工的切身利益与企业的利益结合起来，创造性地使公司职工不仅在政治上，而且在经济上真正成为企业的主人，公司劳动生产率达到全国同行业的最高水平的做法，表示很赞赏。他高兴地对丁钦元说：你讲得很好。特别是不满足现在的状况。要日日新，月月新，年年新，不断地创造新的东西出来，才有竞争力。你们的做法体现了高度的爱国主义，是对社会主义的贡献，感谢你们和全体职工。

丁钦元说：我们就是按照您所指引的建设有中国特色社会主义来干的。邓小平接着说：不是有人议论姓"社"姓"资"的问题吗？你们就是姓"社"。这时，他又回过头来，对珠海市委负责人说：你们这里就是姓"社"嘛，你们这里是很好的社会主义！

## 中共中央发出《关于传达学习邓小平同志重要谈话的通知》

从1992年1月19日至29日，邓小平视察了广东省的深圳和珠海两个经济特区。他对两个特区的发展感到很欣慰，称赞说："八年过去了，这次来看，深圳、珠海特区和其他一些地方发展得这么快，我没有想到。看了以后，信心增强了。"

这次南方之行，邓小平就我国改革开放的许多重大问题发表了精辟的见解，提出了许多著名的论断。

邓小平视察南方发表重要谈话后不久，中共中央于2月28日发出《关于传达学习邓小平同志重要谈话的通知》。

《通知》指出：

今年1月18日至2月21日，邓小平先后在武昌、深圳、珠海和上海等地发表了重要谈话。在我国社会主义现代化建设的关键时期，邓小平同志就坚定不移地贯彻执行党的"一个中心、两个基本点"的基本路线，坚持走有中国特色的社会主义道路，特别是抓住当前有利时机，加快改革开放的步伐，集中精力把经济建设搞上去等一系列重大问题，发表了极为重要的意见。邓小平同志的重要谈话，不仅对当前的改革和建设，对开好党的十四大，具有十分重要的指导作用，而且对整个社会主义现代化建设事业，具有重大而深远的意义。

《通知》要求各地尽快逐级传达到全体党员、干部，要求全党同志尤其是各级领导干部，要认真学习邓小平同志的重要谈话，认真贯彻落实。《通知》还印发了邓小平谈话的要点。

邓小平的南方谈话，是对党的十一届三中全会以来的基本理论和基本实践的深刻总结，是对长期束缚人们思想的许多重大认识问题的科学回答，是把改革开放和现代化建设推进到新阶段的又一个解放思想、实事求是的宣言书。

根据邓小平南方谈话精神，中共中央和国务院立即作出一系列部署，中国大地迅速地掀起了加快改革和发展的新一轮热潮。

# 抗洪抢险

---

江泽民夜不能寐，提出"严防死守、三个确保"的战略方针。

全国受灾人口有 2 亿多人。

人民解放军不顾一切保卫人民。

这是解放战争渡江战役以来，我军在长江沿岸投入兵力最多的一次重大行动。

1998 年 6 月至 9 月，由于气候异常，全国大部分地区降雨明显偏多，部分地区出现持续性的强降雨，雨量成倍增加，致使一些地方遭受严重的洪涝灾害。长江发生继 1954 年以来又一次全流域性大洪水，先后出现八次洪峰，宜昌以下 360 公里江段和洞庭湖、鄱阳湖的水位，长时间超过历史最高纪录，沙市江段曾出现 45.22 米的高水位。嫩江、松花江发生超历史纪录的特大洪水，先后出现三次洪峰。珠江流域的西江和福建闽江也一度发生百年不遇的大洪水。由于洪水量级大、涉及范围广、持续时间长，洪涝灾害十分严重。湖南、湖北、江西、安徽、江苏、黑龙江、吉林、内蒙古等省区沿江湖的众多城市和广大农村，社会经济发展和人民生命财产安全都受到洪水的严重威胁。全国有 29 个省市区遭受不同程度损失，受灾人口有 2 亿多人，直接经济损失超过 2000 亿元人民币，许多工矿企业停产，长江部分航段中断航运一个多月。

在整个抗洪抢险中，党中央直接指挥了这场战斗，江泽民等党和国家领导人多次亲临抗洪第一线进行慰问和指导。在防汛抗洪最紧张的日子

抗洪军民力保九江大堤

里，江泽民几乎每天都给负责指挥抗洪抢险的国务院副总理温家宝打电话，详细了解水情、汛情、险情和灾情，指挥部署抗洪抢险。

7月21日，当得知长江第二次洪峰正向武汉逼近时，江泽民夜不能寐。深夜12时，江泽民打电话给温家宝，要求沿江各省市特别是武汉市要做好迎战洪峰的准备，严防死守，确保长江大堤安全、确保武汉等沿江重要城市安全、确保人民生命安全。这就是著名的"严防死守、三个确保"的战略方针。根据受到洪水威胁地区的实际情况，中央还作出了大规模动用人民解放军投入抗洪抢险、军民协同作战的重大决策。

8月7日夜，在长江第四次洪峰袭来的危急关头，江泽民主持召开了中央政治局常委扩大会议，听取了国家防总的汇报，研究了长江抗洪抢险工作。会议决定：要把长江抗洪抢险工作作为当前头等大事，全力以赴抓好。要坚决严防死守，确保长江大堤的安全，不能有丝毫松懈和动摇。人民解放军要按照中央军委的命令，继续投入抗洪抢险第一线。武警部队和公安干警也要积极参加抗洪抢险工作。要动员和组织一切人力、物力、财力进行抗洪抢险。

在国家财产和人民生命安全受到洪水严重威胁的紧急关头，以江泽民同志为核心的党中央果断决策，调兵遣将。解放军和武警部队官兵闻令而动，乘车辆，驾飞机，驭舟艇，火速从四面八方赶赴沿江抗洪抢险第一线，在万里长江大堤摆开了与洪水殊死搏斗的战场。

8 月 13 日上午，正当长江第五次洪峰向湖北荆江逼近的关键时刻，江泽民乘飞机急赴沙市。一上飞机，他就摊开地图查看长江堤防重点险段的位置和参加抗洪抢险部队的兵力部署。

"现在沿江一共有多少部队？"江泽民问坐在对面的中央军委副主席张万年。

"解放军和武警一共投入了 13 万人，还有 200 多万民兵。仅在湖北，就集结了 8 万多兵力。济南军区、南京军区还准备了五个师的兵力，正处于紧急出动状态，可以随时调用。这是解放战争渡江战役以来，我军在长江沿岸投入兵力最多的一次重大行动。"张万年说，"按照中央决定，参加抗洪抢险的部队听从国家防总的统一领导和指挥。"

"好，国家防总的总指挥是温家宝同志，他是受中央委托在一线指挥的。"

在决战关头，中央发出总动员令。

8 月 14 日，江泽民在武汉作了《夺取长江抗洪抢险决战的最后胜利》的重要讲话，代表党中央、国务院、中央军委作出总动员，要求全党、全军、全国继续全力支持，直到最后胜利。这一决战号令立即得到全国人民的响应，沿江 270 万军民更是坚持再坚持，以气吞山河的气概，投入战斗。16 日下午，超历史最高水位的 1998 年长江第六次洪峰进入险段荆江，江泽民向参加抗洪的解放军发布命令：沿线部队全部上堤，军民团结，死守决战，夺取全胜。

在抗洪抢险取得决定性胜利时，中央及时实现重点转移。9月4日，江泽民在江西视察时作了《发扬抗洪精神，重建家园，发展经济》的重要讲话。他指出，从全局上看，全国抗洪抢险斗争已经取得了决定性的伟大胜利。当前，在继续做好抗洪抢险最后阶段工作的同时，全国受灾地区的工作重点要逐渐转到救灾工作和恢复生产、重建家园上来。这就发出了夺取抗洪救灾全面胜利的新动员令。

在党中央、国务院的领导下，全党、全军和全国人民紧急行动起来，特别是受灾省区的广大干部群众同前来支援的解放军指战员、武警官兵一起，团结奋战，力挽狂澜，同特大洪水进行了惊心动魄的殊死搏斗。全国人民包括港澳台同胞以及海外侨胞心系灾区，踊跃捐赠。抗洪救灾取得重大胜利，灾后恢复生产和重建家园的工作进展顺利。这是一个了不起的巨大成绩，是人类战胜自然灾害的一个壮举。

1999年3月16日，朱镕基总理在九届人大二次会议举行的记者招待会回答记者提问时说：

> 过去的一年我感到非常难，这个困难超过了我预料的程度。第一，我原来没有估计到亚洲金融危机的影响这么大；第二，我国发生的历史上罕见的特大的洪涝灾害也超出了我的预料。但我感到满意的是，我们在以江泽民同志为核心的党中央领导下，依靠全国人民的努力，我们站住了，这两个困难我们都挺过去了。这是不容易的，所以我在政府工作报告中说了一句："来之不易"呀！

> 我所不满意的，是我的工作没有做好。但是，我也感觉到，有个别部门和地区没有很好贯彻中央的方针政策。我最感动的，是我在抗洪抢险第一线看到我们的人民解放军不顾一切地保卫人民，甚至用身体保卫堤防，我禁不住热泪盈眶。

# 西部大开发

————

邓小平提出"两个大局"的战略思想。

江泽民多次强调西部大开发，在开发前加了一个"大"字。

江泽民："我所以用'西部大开发'，就是说，不是小打小闹。"


在新世纪即将来临之际，根据邓小平 20 世纪 80 年代末和 90 年代初多次论述的现代化建设"两个大局"的战略思想，党中央适时作出了实施西部大开发战略的重大决策。

## 邓小平提出"两个大局"的战略思想

1988 年，邓小平正式提出了沿海内地、东西部共富的两个大局的战略构想。他指出：

> 沿海地区要加快对外开放，使这个拥有两亿人口的广大地带较快地先发展起来，从而带动内地更好地发展，这是一个事关大局的问题。内地要顾全这个大局。反过来，发展到一定的时候，又要求沿海拿出更多力量来帮助内地发展，这也是个大局。那时沿海也要服从这个大局。

邓小平在 1992 年的南方谈话中进一步提出了时间表。他说："走社会主义道路，就是要逐步实现共同富裕。共同富裕的构想是这样提出的：一部分地区有条件先发展起来，一部分地区发展慢点，先发展起来的地区带动后发展的地区，最终达到共同富裕……什么时候突出地解决这个问题，在什么基础上提出和解决这个问题，要研究。可以设想，在本世纪末达到小康水平的时候，就要突出地提出和解决这个问题。"

## 江泽民提出西部大开发战略

根据邓小平"两个大局"的思想，江泽民明确提出了实施西部大开发战略。1997 年 8 月，他在一份关于西北地区治理水土流失、改善生态环境的调查报告上作出重要批示：对"历史遗留下来的这种恶劣的生态环境，要靠我们发挥社会主义制度的优越性，发扬艰苦创业的精神，齐心协力地大抓植树造林，绿化荒漠，建设生态农业去加以根本的改观。经过一代一代人长期地、持续地奋斗，再造一个山川秀美的西北地区，应该是可以实现的"。

1999 年 3 月，在全国"两会"党员负责同志会议上，江泽民谈到西部地区大开发的问题。他说：

西部地区迟早是要大开发的，不开发，我们怎么实现全国的现代化？中国怎么能成为经济强国？美国当年如果不开发西部，它能发展到今天这个样子？实施西部地区大开发，是全国发展的一个大战略、大思路。对此，全党全国上下要提高和统一认识，同时要精心研究、统筹规划，科学地提出大开发的政策、办法、实施步骤和组织形式等。

1999年6月9日，在中央扶贫开发工作会议上，江泽民又讲了这个问题。他说，加快中西部地区发展步伐的条件已经基本具备，时机已经成熟。我们如果看不到这些条件，不抓住这个时机，不把该做的事情努力做好，就会犯历史性错误。从现在起，这要作为党和国家一项重大战略任务，摆到更加突出的位置。

6月17日，在西安举行的西北地区国有企业改革和发展座谈会上，江泽民指出：我们正处在世纪之交，应该向全党全国人民明确提出，必须不失时机地加快中西部地区发展，特别是要抓紧研究实施西部地区大开发。他说：

> 现在，加快中西部地区开发的时机已经到来。中西部地区范围很大，如何加快开发，要有通盘考虑。我所以用"西部大开发"，就是说，不是小打小闹，而是在过去发展的基础上经过周密规划和精心组织，迈开更大的开发步伐，形成全面推进的新局面。实施西部大开发，对于推进全国的改革和建设，对于国家的长治久安，具有重大的经济意义和社会政治意义。

江泽民指出，加快开发西部地区是一个巨大的系统工程，也是一项空前艰难的历史任务。既要有紧迫感，抓紧研究方案、步骤和政策措施，又要做好长期奋斗的思想准备。西部各地区广大干部群众要抓住这个历史机遇，坚持发扬自力更生、艰苦奋斗的光荣传统，利用自己的比较优势，创造新的业绩。他说：

> 我们要下决心通过几十年乃至整个下世纪的艰苦努力，建设一个经济繁荣、社会进步、生活安定、民族团结、山川秀美的西部地

区。经过我们一代又一代人持续不懈的奋斗，使从唐代安史之乱以后一千二百年来逐渐衰落的西部地区，从生产环境到经济、文化、社会发展来一个天翻地覆的根本改变，来一个旧貌换新颜。这将是中华民族发展史上一项惊天动地的伟业，也将是世界开发史上一个空前的壮举！

在党的十五届四中全会上，江泽民再次强调：实施西部大开发和加快小城镇建设，都是关系我国经济和社会发展的重大战略问题，应该提上议事日程，进行全面的调查研究，拿出方案，加紧实施。

## 制定措施，加紧实施

对于西部大开发，有的同志提出，现在实施西部大开发战略，条件是否具备、时机是否成熟？有的同志认为，西部地区基础差，投入产出率低，国家对西部地区投入五元的产出效益，不如对沿海地区投入一元的产出效益。有的同志担心，实施西部大开发会不会影响东部沿海地区经济进一步发展？

2000年1月，国务院西部地区开发领导小组召开会议，专门研究西部地区开发问题，强调统一思想，明确任务，不失时机实施西部地区大开发战略。会议指出，实施西部大开发战略，是一个规模宏大的工程，也是一项长期、艰巨的任务，既要有紧迫感，又要从长计议。要统筹规划，突出重点，分步实施，分阶段地达到目标。

2000年3月15日，时任国务院总理的朱镕基在人民大会堂会见了前来采访九届全国人大三次会议的中外记者并回答记者提问时说：

○〜○　西藏鲁朗风光

　　关于我国西部的开发，早在 80 年代就是邓小平"两个大局"战略思想的内容。去年以来，江泽民总书记多次强调西部大开发，在开发前加了一个"大"字。这个战略思想现在已经有了实施的机遇，因为中国的经济发展已经到了这样一个阶段：沿海地区经济的发展，特别是传统产业的发展已经趋于饱和，它要寻找新的市场，而西部地区的开发，现在也迫在眉睫。

　　西部要实行与东部相似的对外开放政策，我们欢迎外国的投资家，银行、证券、保险业都可以到西部去发展。何时见效呢？我想基础设施建设已经在见效，中国修公路、铁路是拿手好戏，修这条 4200 公里的管道，分段施工，我认为两年就可以建成；至于说种树，时间要长一点，但是我亲自考察过四川阿坝藏族羌族自治州的森林，植树以后 8 年到 10 年就可以成林，因此我认为西部地区的开发见效可能是很快的。当然这是一个非常艰巨的事业，不是一代人能够完成的，西部地区真正的开发恐怕需要一代人、两代人，甚至几代人的努力。

西部地区，在地理概念上指中国西北地区的陕西、甘肃、宁夏、青海、新疆五省区和西南地区的重庆、四川、贵州、云南、西藏五省区市。中央作出西部大开发的决策后，国务院于 2000 年 10 月 26 日发出《关于实施西部大开发若干政策措施的通知》，明确了西部开发的政策适用范围包括西北、西南地区的十个省区市，还包括内蒙古和广西。国务院还先后批准，对湖南湘西土家族苗族自治州、湖北恩施土家族苗族自治州、吉林延边朝鲜族自治州等地区，在实际工作中比照有关政策措施予以实施。

西部大开发中加大退耕还林、退牧还草力度。图为青海桂南苗圃为退耕还林、治理沙化提供优良树种。

国务院关于实施西部大开发若干政策措施的通知，规定了制定政策的原则和支持的重点，增加资金投入的政策，改善投资环境的政策，扩大对外对内开放的政策，吸引人才和发展科技教育的政策。通知要求国务院西部开发办要会同有关部门，根据以上政策措施，在 2000 年内抓紧研究制定有关政策细则或实施意见，经国务院批准后发布实施。西部地区各级政府，要按照国家规定，执行统一的西部大开发政策。以上政策措施，主要适用于当前和今后 10 年（2001—2010 年）。随着西部大开发战略的实施，将作进一步完善。所规定的各项政策措施及其细则，自 2001 年 1 月 1 日起开始实施。

# 港澳回归

———

"一国两制"的提出。
"一国两制"运用于香港问题的解决。
围绕香港问题的中英之间的较量。

通过外交谈判并以"一国两制"方式解决港澳回归问题，这是中国人民为世界和平、发展与进步事业作出的新贡献。香港和澳门如期回归祖国，开创了港澳两地和祖国内地共同发展的新纪元，中国在完成祖国统一大业的道路上迈出了重要步伐。

## "一国两制"的提出

1987 年 4 月 16 日，邓小平在北京人民大会堂会见香港特别行政区基本法起草委员会委员时说："我们的社会主义制度是有中国特色的社会主义制度，这个特色，很重要的一个内容就是对香港、澳门、台湾问题的处理，就是'一国两制'。这是个新事物。这个新事物不是美国提出来的，不是日本提出来的，不是欧洲提出来的，也不是苏联提出来的，而是中国提出来的，这就叫做中国特色。"

"一国两制"的提出首先是从台湾问题开始的。

实现祖国统一有和平与非和平两种方式。中国共产党和中国人民早就考虑和平方式统一祖国。20 世纪 50 年代，毛泽东、周恩来就曾表明和平统一的意向。1974 年 10 月 2 日，刚刚复出不久的邓小平在会见台湾同胞、海外华侨时也说道：解放台湾有和平方式和非和平方式两种，即使台湾解放，我们也不会把大陆的政策搬过去。

1979 年 1 月 1 日，邓小平出席全国政协举行的迎春茶话会，他在会上说，今年的元旦有三大特点：一是全国工作重点转移到现代化建设上来了；二是中美关系实现了正常化；三是台湾和祖国大陆的和平统一问题已经提到了具体的日程上来。也就是在这一天，全国人大常委会发表了《告台湾同胞书》，宣布了中国共产党人关于和平统一祖国的大政方针。与此同时，长达几十年之久的炮击金门等岛屿的行动画上了句号。随后不久，正当中国人民欢度新春佳节时，邓小平出访美国，1 月 30 日，他向美国参、众两院解释中国政府对台湾的主张时说："我们不再用'解放台湾'这个提法，只要台湾回归祖国，我们将尊重那里的现实和现行制度。"这表明，邓小平在确定用和平方式解决台湾问题时，已经有了"一国两制"的初步设想。

两年后，即 1981 年国庆前夕，叶剑英以全国人大常委会委员长身份向新华社记者发表谈话，进一步阐明关于实现祖国和平统一的九点方针政策。次年 1 月 10 日，邓小平在接见一位海外朋友时又说，"叶九条"实际上就是"一个国家，两种制度"。从此，"一国两制"的概念开始正式使用。

1983 年 6 月 26 日，邓小平又就此作了进一步的阐发。这天他在会见美国新泽西州西东大学教授杨力宇时指出：

"祖国统一后，台湾特别行政区可以有自己的独立性，可以实行同大陆不同的制度。司法独立，终审权不须到北京。台湾还可以有自己的军队，只是不能构成对大陆的威胁。大陆不派人驻台，不仅军队不去，行政人员也不去。台湾的党、政、军等系统，都由台湾自己来管。中央政府还要给台湾留出名额。""和平统一不是大陆把台湾吃掉，当然也不能是台湾把大陆吃掉。"

## "一国两制"运用于香港问题的解决

邓小平在提出以"一国两制"的构想解决台湾问题的同时，还说道：不只是台湾问题，还有香港问题，我们正在逐渐把这个问题提到日程上，澳门也属类似的问题。当然，台湾问题是中国人和中国人之间的事情，是内政；香港、澳门问题，是中国和英国、中国和葡萄牙之间的事情，是恢复行使领土主权的问题。两者有很大的不同点。

1997年6月30日，英国在香港的租借期满，中国届时将恢复行使对香港的主权。随着这个日期的日益临近，从70年代末英国就不断试探中国关于解决香港问题的立场和态度。在这种情况下，解决香港问题的时机逐步成熟。

1975年时任英国首相的希思访华，毛泽东、周恩来、邓小平会见了希思。当时希思曾问毛泽东将来如何解决香港问题。毛泽东说，反正要到1997年，还早哪，还是年轻人去管吧。

1979年3月下旬，英国驻香港总督麦理浩爵士访华，向中国政府提出香港问题。3月29日，邓小平接见了麦理浩爵士，阐述了中国政府的方针：我们历来认为，香港主权属于中华人民共和国，香港又有它的特殊地位，将来谈判解决香港问题的前提是香港是中国的一部分。但我们将把香港作为一个特殊地区来处理，在相当长的时期内，香港还可以搞资本主义，而我们搞我们的社会主义。请所有外国投资者放心，怎么变都不影响外国投资者的利益。邓小平的这个讲话，实际上明确表示我们将以"一国两制"的方针解决香港问题。

　　1982 年 4 月，英国前首相希思访问中国时又向邓小平提出香港问题。他说，现在离 1997 年只有 15 年的时间，你是如何考虑在这期间处理这个问题的？因为很多人都要在香港投资，怎样才能使投资者不担心呢？邓小平明确回答：香港的主权是中国的，中国到时要收回主权。同时指出，中国要维护香港作为自由港和国际金融中心的地位，也不影响外国人在那里投资，在这个前提下，由香港的中国人管理香港。

　　这样，英方经过多次试探，决定就香港问题同中方进行正式谈判。这就是不久后开始的国际社会所说的"摄人心魄的反复较量"。

　　1982 年 9 月 22 日，英国首相撒切尔夫人访问中国，中英两国政府高层决策者开始就解决香港问题进行接触。这位被称为"铁娘子"的英国首相，带着大批智囊谋士、新闻记者前来，是为举世瞩目的香港问题寻求答案的。因而，她的到来，在世界上引起了很大的关注。

　　9 月 24 日，人民大会堂福建厅。邓小平就解决香港问题向撒切尔夫人摊牌。邓小平坦诚地对撒切尔夫人说，香港"主权问题不是一个可以讨论的问题。现在时机已经成熟了，应该明确肯定：1997 年中国将收回香港"。"如果中国在 1997 年，也就是中华人民共和国成立 48 年后还不把香港收回，任何一个中国领导人和政府都不能向中国人民交代，甚至也不能向世界人民交代。"并说："不迟于一两年的时间，中国就要正式宣布收回香港这个决策。"

　　撒切尔夫人对此并不意外，但试图反击。她认为，如果中国收回香港，将"带来灾难性的影响"。邓小平平静地回答，如果真是这样，"我们要勇敢地面对这个灾难，作出决策"。接着，邓小平严肃指出：我担心今后十一年过渡期中会出现很大的混乱，制造这些混乱的主要是英国人。希望英方不要做妨碍香港繁荣的事。最后，双方商定通过外交途径开始进行香港问题的进一步磋商。

撒切尔夫人与邓小平会见后的第二天，她告诉英国广播公司电台记者戈登·马丁说："我同邓小平等中国领导人"的会谈"是友好的，我们承认有分歧，但是我们共同的目的大于分歧"。同时，她还向全世界表示，中英双方本着维护香港的繁荣和稳定的共同目的，同意在这次高层会晤后通过外交途径继续进行商谈。

此后，中英双方开始了一系列的谈判。谈判共进行了 22 轮，直到 1984 年 9 月结束，历时两年之久。而在这期间，邓小平关于"一国两制"的构想更加趋于成熟。

1984 年 2 月 22 日，邓小平同访问中国的美国乔治城大学战略与国际问题研究中心主任、曾经担任国务卿的布热津斯基谈话时说道：世界上有许多争端，总要找个解决问题的出路。我多年来一直在想，找个什么方法，不用战争手段而用和平方式，来解决这种问题。解决台湾问题可以用"一个中国，两种制度"。香港问题也是这样，"一个中国，两种制度"。香港与台湾还不同，香港是自由港。

1984 年 5 月 18 日，"一国两制"的提法写入《政府工作报告》，成为中国政府解决台湾、香港、澳门问题，实现祖国统一方针的概括性语言。

## 围绕香港问题的中英之间的较量

中英关系中的首要问题是香港问题，要找到这一问题的答案，必须首先回顾一下中英关于香港问题谈判的提起、分歧的由来和发展。按时间划分，中英关系大体可分为两个阶段：1982 年至 1992 年为第一阶段；1992 年到 1997 年香港回归为第二阶段。

1982 年 9 月，英国首相撒切尔夫人来华访问时，中国政府向她正式提出关于中国将在 1997 年收回香港的决定。邓小平当时在会见撒切尔夫

1997年10月1日是香港
回归祖国后的第一个国庆
日，这天，香港处处飘扬着
五星红旗。

人时指出："应该明确肯定1997年中国将收回香港。"中英"在这个前提
下来进行谈判，商讨解决香港问题的方式和办法"。英国"应该赞成中国
这个决策。中英两国应该合作，共同来处理好香港问题"。

　　谈判历时两年。从1982年9月撒切尔夫人访华至1983年6月，双
方主要就原则和程序问题进行会谈；从1983年7月至1984年9月，由
两国政府代表团就具体实质性问题进行了22轮会谈。

　　当时由于英方一度坚持三个不平等条约仍然有效及"主权换治权"的
主张，曾使谈判难以进行。为此，邓小平再次告诉英方，如继续坚持上述
错误立场，中国将于1984年9月单方面公布解决香港问题的方针政策。
会谈最后还是以中国政府提出的关于设立香港特别行政区、由港人治港和
现行社会、经济制度和生活方式不变等原则进行。1984年12月中英双方

最终签署关于香港问题的联合声明。这一声明的签署为全面解决香港回归与平稳过渡问题奠定了基础。

随后，中国开始着手制定香港特别行政区《基本法》。从 1985 年 7 月基本法起草委员会正式成立，到 1990 年 4 月正式通过《基本法》，总共历时 4 年零 9 个月。两国外长在《基本法》即将颁布的时候，在 7 封近万字的信件往来中曾就香港 1995 年选举，包括立法局分区直选数目等香港改制发展问题交换了意见，并在原则上达成一些谅解和协议。英国前外相杰弗里·豪公开赞扬说，"我们能在基本法这份中国宪法文件中获得 95% 我们熟知的法制，可算是奇迹"。

可以说，1982 年以后的几年间，中英双方在香港一些重大问题上有过较好的磋商合作，中英联合联络小组和土地委员会的工作也取得不少成果。

但在 1989 年春夏之交的政治风波后，英方错误地分析中国国内和国际形势，改变了对香港的政策，在香港问题上采取了与中国政府不合作、甚至对抗的态度，从中英联合声明的立场倒退。

鉴于英方的不合作态度，中国政府明确宣布：依靠自己的力量，依靠广大爱国爱港同胞，一定能够实现香港的平稳过渡和按期恢复行使主权。为此，进行了一系列扎扎实实的准备工作。在经济和民生问题上，尤其在一些跨越 1997 年的大型基建项目方面，例如新机场及有关工程的建设，中国政府为维护港人的长远利益，保持香港的长期稳定繁荣，作出了积极的努力。

尽管英方采取不合作的态度，中方仍然希望英方能"减少麻烦，多做实事，增加合作"，并在一系列问题上主动推动英方回到合作的轨道上来。

在中方的一再努力下，英方表示了希望改善两国关系的愿望。1995 年 3 月，英国前首相撒切尔夫人作为外交学会的客人访华，随后，前首相希思来华出席中国国际经济论坛 1995 年会议。5 月，英国当时的贸工大臣赫塞尔廷应外经贸部部长吴仪的邀请也访问了中国。英方在与中方合

1999 年 12 月 19 日晚，北京市人民迎接澳门回归祖国联欢晚会在天安门广场澳门回归倒计时牌前举行，庆祝中华民族的这一历史盛事。

作的问题上采取了比较积极的态度，使一些有关平稳过渡的问题如香港终审法院和新机场财务安排等问题达成协议，受到各方的欢迎。

1995 年 10 月，时任国务院副总理兼外长的钱其琛访问英国，并在访问中会见了梅杰首相、赫塞尔廷副首相等英方领导人，同里夫金德外交大臣进行了会谈。双方就包括香港问题在内的双边关系和共同感兴趣的国际问题交换了意见。

钱其琛的访问使中英关系在经历了曲折历程后，走出低谷，对进一步改善两国关系，起到积极的推动作用。1996 年初，里夫金德外交大臣应钱其琛的邀请对中国进行了为期三天的访问。访问期间，江泽民和李鹏分别会见了里夫金德，钱其琛还同他举行了会谈，就双边关系和香港问题等广泛地交换了意见。双方都表示重视中英关系。英方表示"与中国建立长期的、基础广泛的关系是英国明确的战略取向"，中方对此表示欢迎。

1997 年 7 月 1 日，历经坎坷与沧桑，香港终于回到了祖国的怀抱。

在香港回归的示范效应下，经过努力，1999 年 12 月 20 日零时零分，中国政府恢复对澳门行使主权。

# 中国入世

——

一谈就是十五个春秋。

中国代表团换了四任团长，美国换了五位首席谈判代表，欧盟换了四位。

固守底线，绝不妥协。

最难打的硬仗，莫过于中美谈判，其次是中欧谈判。

朱镕基："黑头发都谈成了白头发，该结束这个谈判了。"

加入世贸组织，是党中央、国务院作出的重大战略决策，是改革开放进程中具有历史意义的一件大事，标志着我国对外开放进入一个新的阶段。

## 漫长的过程

自1986年7月10日中国正式向世贸组织（WTO）前身——关贸总协定（GATT）递交复关（恢复关贸总协定缔约国地位）申请起，国内外无数次预测这场谈判的时间表。但谁也不曾料到，由于谈判逐步被"政治化"及其本身的艰巨性、复杂性、特殊性和敏感性，这一谈就是十五个春秋。中国代表团换了四任团长，美国换了五位首席谈判代表，欧盟换了四位。

中国复关和入世（进入世贸组织）谈判大致可分为三大阶段：第一阶段从20世纪80年代初到1986年7月，主要是酝酿、准备复关事宜；第二阶段从1987年2月到1992年10月，主要是审议中国经贸体制，中方要回答的中心题目是到底要搞市场经济还是计划经济；第三阶段从 1992 年 10 月到 2001 年 9 月，中方进入实质性谈判，即双边市场准入谈判和围绕起草中国入世法律文件的多边谈判。

1995 年 1 月，WTO 取代 GATT；同年，中方决定申请入世，并根据要求，与 WTO 的 37 个成员开始了拉锯式的双边谈判。从 1997 年 5 月与匈牙利最先达成协议，到 2001 年 9 月 13 日与最末一个谈判对手墨西哥达成协议，直至 2001 年 9 月 17 日 WTO 中国工作组第十八次会议通过中国入世法律文件，这期间起伏跌宕，山重水复。

1999 年 3 月 15 日，朱镕基总理在中外记者招待会上说：

> 中国进行复关和入世谈判已经十三年，黑头发都谈成了白头发，该结束这个谈判了。现在存在这种机遇。第一，WTO 成员已经知道没有中国的参加，WTO 就没有代表性，就是忽视了中国这个潜在的最大市场。第二，中国改革开放的深入和经验的积累，使我们对加入 WTO 可能带来的问题提高了监管能力和承受能力。因此，中国准备为加入 WTO 作出最大的让步。

中国入世谈判的整个历程，充分体现了第三代中央领导集体的高瞻远瞩和正确决策。江泽民亲自给这场谈判确定了三条原则：第一，WTO 没有中国参与是不完整的；第二，中国必须作为发展中国家加入；第三，坚持权利和义务的平衡。这些原则对入世谈判具有重大深远的指导意义。

## 打赢中美、中欧谈判这两个硬仗

在中国入世谈判中，最难打的硬仗，莫过于中美谈判，其次是中欧谈判，其中中美谈判进行了 25 轮，中欧谈判进行了 15 轮。

　　备受瞩目的中美谈判范围广、内容多、难度大，美国凭借其经济实力，要价高，立场强硬，谈判又不时受到各种政治因素干扰。1999 年 4 月 6 日至 13 日，朱镕基访美。4 月 10 日，中美签署"中美农业合作协议"，并就中国加入 WTO 发表联合声明。美方承诺"坚定地支持中国于 1999 年加入 WTO"。

　　1999 年 5 月 8 日，以美国为首的北约袭击中国驻南联盟大使馆，中国政府被迫中断了"入世"谈判。

　　1999 年 9 月 6 日，中美恢复谈判。在最后一轮中美谈判中，朱镕基亲临现场，坐镇指挥。中方代表坚持原则，经过六天六夜的艰苦谈判，这场最关键的战役取得了双赢的结果。1999 年 11 月 15 日，中美两国政府在北京签署了关于中国加入世界贸易组织的双边协议，标志着中美就中国加入全球最大贸易组织的长达十三年双边谈判正式结束，从而为中国"入

　　在历经 15 年的艰苦谈判后，2001 年 11 月 10 日，世界贸易组织第四届部长级会议在卡塔尔首都多哈审议并通过了中国加入世贸组织的决定，中国对外开放从此进入一个新阶段。

世"扫除了最大障碍，迈出了最关键性的一步。

2000 年 5 月 19 日，中国和欧盟在北京就中国加入世贸组织达成双边协议，这标志着中国加入世贸组织的双边谈判即将结束，中国加入世贸组织进入最后的加入程序阶段。

## 固守底线，绝不妥协

面对一个又一个 WTO 成员，中方力争的焦点是什么？尽管经过二十多年的改革开放，我国综合国力和企业抗风险能力日益增强，但总体上国内产业素质和竞争力与国外差距甚大。所以，谈判的核心，就是市场开放的速度和力度必须与我国的经济发展水平相一致，这是我们的底线。双边谈判的核心问题是确保我国以发展中国家地位加入，多边谈判的核心问题是确保权利与义务的平衡，具体内容包括关税、非关税措施、农业、知识产权、服务业开放等一系列问题，而农业和服务业又是双方相持不下的难点。经过艰苦斗争，美欧等发达国家不得不同意"以灵活务实的态度解决中国的发展中国家地位问题"，中方最终与所有 WTO 成员就我国加入WTO 后若干年市场开放的领域、时间和程度等达成了协议。双边谈判的结果是平衡的，符合 WTO 的规定和我国经济发展的水平。

2000 年 8 月 25 日，第九届全国人民代表大会常务委员会第十五次会议听取审议了对外贸易经济合作部受国务院委托所作的《关于我国加入世界贸易组织进展情况的报告》，对我国政府为我国加入世界贸易组织所作的努力予以充分肯定。根据我国加入世界贸易组织谈判的新的进展情况，本次会议决定：同意国务院根据上述原则完成加入世界贸易组织的谈判和委派代表签署的中国加入世界贸易组织议定书，经国家主席批准后，完成我国加入世界贸易组织的程序。

○∽○ 2001年11月11日，中国外经贸部部长石广生签署中国加入世界贸易组织议定书。

2001年11月10日，世界贸易组织第四届会议部长级会议在卡塔尔首都多哈以全体协商一致的方式，审议并通过了中国加入世贸组织的决定。在中国政府代表签署中国加入世贸组织议定书，并向世贸组织秘书处递交中国加入世贸组织批准书三十天后，中国将正式成为世贸组织成员。这标志着中国长达十五年复关和加入世贸组织进程的结束，宣告了一个历史性时刻的诞生。

11月11日晚，中国代表团团长、外经贸部部长石广生向世贸组织总干事迈克尔·穆尔递交了中国国家主席江泽民签署的《中国加入世贸组织批准书》。

2001年12月11日，中国正式成为世贸组织成员。

# 抗击非典

———

一种新传染病恐怖地突降中国广东。
非典从广东蔓延至北京、香港、台湾。
中国政府勇敢面对，积极抗击。

2002 年底，一种类似肺炎的新传染病恐怖地突降中国广东。2003 年
初，又很快蔓延至北京、香港、台湾。4 月 16 日，世界卫生组织正式确
认，冠状病毒的一个变种是引起非典型肺炎的病原体，正式将其命名为
SARS 病毒。

## 一种新型传染病突现广东

2002 年 11 月 16 日晚，广东佛山市一乡民，身体一向健康，突然出
现发热、头疼等症状，起初以为是一般感冒，在自己服用了一些感冒药
后，病情非但未见减轻，体温还上升到 39 度以上，周身出现不适，高烧
持续不退。20 日，他住进当地医院院治疗。当时，医生和护士并不知道
这是传染病，自然在治疗过程中没有采取特别防护措施，连口罩都没有
戴！其后，在医院看护他的亲属也相继发烧。经过同广州专家们的会诊，
医院得出结论：这个病人及其家属先后发病，证实这个病传染性强；佛山
医院已使用了多种抗生素，但是效果不明显，病人白细胞没有明显增多，

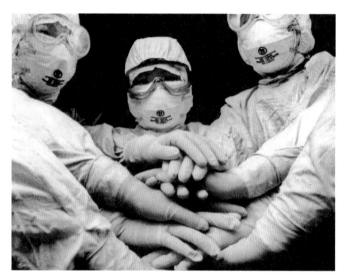

○～ 北京地坛医院医务工作者决心与疫病战斗到底

病情引发原因很可能为某种病毒。

2003年1月20日，中山市接到报告，当地3家医院先后收治15例病因不明但病症相同的病人，3家医院一共有13个医务人员被感染发病，中山市发现了20多例类似病例。

到2月上旬，广东进入发病高峰期。截至2月9日，广东省报告共发现305例非典型肺炎病例，死亡5例。

2003年1月，一些病人出院，但接诊过他们的医务人员却先后出现与患者相同的症状。于是，"谣言"随之诞生。谣言版本最早是这样的：河源受一种不明病毒袭击，已有1人死于此症，医护人员亦同时患上此病。谣言在迅速传播的同时，事件的表述还不断被夸大：给病人治病的医生和护士3人都已经死了。

河源人恐慌了。当时河源遇上从来没有过的寒冷天气，可能正是这样才使一些人有了咳嗽、发烧等类似症状。这无疑更加重了市民的恐惧感。人们在河源各大药店门口排起了长队。当时的人们虽然都涌到了药店，但是根本不清楚应该买什么药，只是跟风抢购一些抗病毒药品。有人一下子竟然买10多盒。不久，全城药店此类药品脱销，买不到药的人更加恐慌，直到晚上9时多药店关门还有人在排队。更有的家长赶着去学校将孩子接回家避"祸"。

2月8日，一条手机短信在广州迅速流传：春节期间，从中山等地传入广州一种怪病，该病潜伏期极短，一天发病，很快发展为呼吸衰竭，当天死亡。该病现在并无药物医治，已经造成多名病人死亡。最令人可怕的则是这种病的传播途径，只需和病人打个照面，或者是同乘了一辆公交车都可能被传染。更恐怖的说法是某医院的十几名接触过该病人的医护人员全被传染，上午得病，下午透视显示肺部全是白点，晚上抢救无效死亡。禽流感、鼠疫、炭疽等猜测，说得有板有眼，成为人们手机短信、电子邮件的内容。

## 从广东蔓延至北京、香港、台湾

3月5日上午，中国北京，军方最著名的传染病医院——302医院，突然接到301医院的紧急电话，称此前一天来该院急诊室观察的山西三患者病情怪异，怀疑是非典，需要转到302医院医治。

3月10日，香港最大的两家电视机构——无线和亚视，同时播报一条消息：位于沙田的威尔斯亲王医院透露，在过去的几天内，有10多名医护人员出现发烧及上呼吸道感染症状，并发现该病具有传染性。至3月13日，全港患非典的医务人员增至115人。3月20日，非典走进社区，有5名年龄在2至15岁的儿童被证实染病。此后，非典迅速闯入办公楼、学校、公共场所，最高峰日增病例60例以上。香港医管局局长何兆炜也被感染。

3月14日，台湾发现首例非典疑似病例。5月21日，台北市SARS通报病例再创新高，达64例。5月22日，世界卫生组织决定，将原来对台北市的旅游警告，扩大至全台湾。5月28日，台湾公布岛内SARS疫情最新数字，累计610例，已突破600大关；死亡病例新增5例，累计81例。

5月10日，澳门当地政府宣布发现首例非典病例。

病毒蔓延到了北方交通大学（现名北京交通大学）。交大计算机系一名同学，4月1日在军训时得了感冒，之后多次到医院治疗。4月17日，他被确诊为非典。到4月18日，其隔壁宿舍又有8人发烧。到4月19日，该楼12层一个宿舍出现发烧症状。到4月20日，人数骤增至20多人。到4月25日为止，一共出现了65例发烧者，确诊10例，疑似9例，分布在不同的楼层，可能是电梯感染。

## 勇敢面对，终获成功

面对非典这个传染性极强的病魔，起初，个别部门隐瞒疫情，企图通过静悄悄的方式来歼灭它。但这只能加剧形势的恶化。党中央和国务院及时地认清了这一点，决心打一场科学的人民战争，来消灭这个恶魔！一系列行之有效的举措紧急出台：

——党和国家领导人亲临抗非前线，认真布置抗击非典工作；

——惩治失职官员；

——建立每日疫情报告制度；

——设立定点医院，建立严格的防治制度；

——药物研究；

——保障物资供应；

——采取及时的隔离措施；

……

6月19日，北京绝大多数医院恢复正常医疗秩序。

6月20日，北京小汤山医院送走了最后18名治愈患者。小汤山医院共收治680名非典患者，672名痊愈出院，8人死亡，治愈率超过98.8%。1383名医护人员无一感染。

6月23日，北京住院非典确诊病例仅剩46人，已经达到世界卫生组织对一个地区撤销旅游警告所需条件之一"住院非典病人少于60人"的标准。24日，世界卫生组织宣布撤销对北京的旅游警告，并将北京从非典疫区名单中删除。

为了战胜非典，北京市、区两级财政共投入10.0654亿元人民币，这个数字还不包括海内外捐助的钱和物资，而全国各级财政共耗去资金100多亿人民币。但中国毕竟胜利了，而且花的时间还这么短！实践证明了中国政府是合格的，中国的医务工作者是崇高的，中国民众是伟大的！

# 飞天中国

---

"神五"杨利伟,创造了中国历史上首次载人航天的完美旅程。

"神七"翟志刚,茫茫太空第一次留下中国人的身影。

嫦娥一号,实现了中华民族的千年奔月梦想。

年近九旬的"两弹一星"功勋科学家孙家栋院士说:"这一刻,我们都是幸福的追梦人!"

从 2003 年 10 月 15 日,我国自主研制的神舟五号载人飞船发射升空,中国载人航天飞行实现零的突破,到 2005 年 10 月 12 日,神舟六号再度飞天,中华续写辉煌,再到 2008 年 9 月 27 日,翟志刚打开神舟七号载人飞船轨道舱舱门,首度实施空间出舱活动,我国载人航天事业达到了新的高度。2016 年 10 月 17 日至 11 月 18 日,神舟十一号飞船完成载人飞行任务。

实施探月工程,是党中央着眼我国社会主义现代化建设全局,为推动航天事业发展、促进科技进步和创新、提高综合国力作出的重大战略决策。嫦娥一号首次月球探测工程的成功,是继人造地球卫星、载人航天飞行取得成功之后我国航天事业发展的又一座里程碑,实现了中华民族的千年奔月梦想。探月工程自 2004 年正式启动以来,已实现嫦娥一号、嫦娥二号、嫦娥三号和再入返回飞行试验四次任务"四战四捷"。探月工程"绕、落、回"三步走的第二步战略目标已全面实现。

# 从"神五"到"神十一"

2003 年 10 月 15 日上午 9 时整，我国自主研制的神舟五号载人飞船在酒泉卫星发射中心用"长征"二号 F 型运载火箭发射升空。9 时 9 分 50 秒，飞船准确进入预定轨道，将中国第一名航天员杨利伟成功送上太空。10 月 16 日，神舟五号载人飞船绕地球飞行 14 圈后，按预定时间在内蒙古主着陆场成功着陆，与理论着陆点仅相差 4.8 公里，与飞船一起平安回来的还有中国航天第一人杨利伟。短暂的 21 小时，创造了中国历史上首次载人航天的完美旅程。

11 月 7 日，中共中央、国务院、中央军委在人民大会堂举行庆祝我国首次载人航天飞行圆满成功大会。中共中央总书记、国家主席胡锦涛发表重要讲话。他指出：

神舟五号载人飞船把我国首位航天员成功送入浩瀚的太空并安全返回，这一举世瞩目的重大科技活动向世界庄严宣告，中国已成为世界上第三个独立掌握载人航天技术的国家。……我国首次载人航天飞行的圆满成功充分表明，中华民族是具有非凡智慧和伟大创造力的民族，是勤劳勇敢、自强不息的民族。我们有志气、有信心、有能力屹立于世界民族之林，为人类和平与发展的崇高事业作出自己的贡献。

2005 年 10 月 12 日，神舟再度飞天，中华续写辉煌。9 时 9 分 52 秒，我国自主研制的神舟六号载人飞船，在酒泉卫星发射中心发射升空后，准确进入预定轨道。神舟六号载人飞船的飞行，是我国第二次进行载人航天飞行，也是我国第一次将两名航天员同时送上太空。17 日凌晨 4 时 33 分，在经过 115 小时 32 分钟的太空飞行，完成中国真正意义上有人参与的空间科学实验后，神舟六号载人飞船返回舱顺利着陆，航天员费俊龙、聂海胜安全返回。

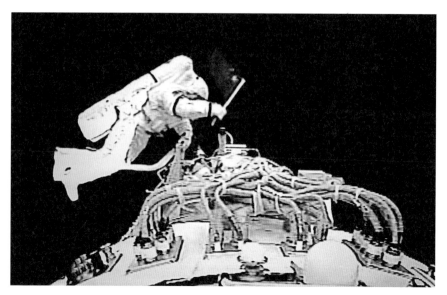

2008 年 9 月，神舟七号载人航天飞行圆满成功，航天员翟志刚实现了太空行走，中国成为世界上第三个独立掌握空间出舱关键技术的国家。图为 9 月 27 日，翟志刚出舱后挥动中国国旗。

2008 年 9 月 27 日 16 时 41 分 00 秒，我国航天员翟志刚打开神舟七号载人飞船轨道舱舱门，首度实施空间出舱活动，实现了我国空间技术发展具有里程碑意义的重大跨越，标志着我国成为世界上第三个独立掌握空间出舱关键技术的国家，茫茫太空第一次留下中国人的身影。

2012 年 6 月 18 日、24 日，神舟九号载人飞船与天宫一号目标飞行器先后成功进行自动交会对接和航天员手控交会对接。2016 年 10 月 17 日，神舟十一号飞船发射升空，在轨飞行期间，2 名航天员在天宫二号与神舟十一号组合体内开展了为期 30 天的驻留，完成一系列空间科学实验和技术试验，11 月 18 日成功返回。

改革开放四十多年来，中国的综合国力得到了极大提升，这是我国载人航天工程在比较短的时间里不断取得历史性突破的重要保障。自 1992 年我国启动载人航天工程以来，神舟飞船已经十余次出征。中国载人航天事业一步一个脚印，走得坚定而从容：从无人到多人，从舱内到舱外……这是中国航天人的新高度，是中国航天事业的新高度，是中华民族的新高度。

## 嫦娥奔月

2007年10月24日18时，世界的目光再次对准了位于大凉山腹地的西昌卫星发射场。再过5分钟，中国首颗绕月卫星嫦娥一号将在此升空，国际探月舞台上将增添一名新成员。

为提高嫦娥一号入轨成功率，此次发射提出了"零发射窗口"的目标，即在预先计算好的发射时间段内，分秒不差地将火箭点火升空。经专家严密测算，嫦娥一号的"零发射窗口"为18时05分。随着一声令下，有"金手指"之称的操作手皮水兵果断地按下红色"点火"按钮。数秒钟之后，烈焰四起，声震山谷，长征三号甲运载火箭如一条白色的巨龙拔地而起，直冲云霄。起飞约10秒后，火箭按程序转弯，向东南方向飞去，很快钻入云层；隆隆巨响在天地间回荡。

18时24分，卫星成功入轨的消息从北京航天飞行控制中心传来，指挥控制大厅内顿时爆发出热烈的掌声。

18时30分，北京航天飞行控制中心成功将嫦娥一号卫星近地点从200公里抬升到600公里，顺利完成了第一次变轨控制。

10月26日17时44分，北京航天飞行控制中心向嫦娥一号卫星发出指令，开始实施第二次变轨。11分钟后，远望三号测量船传来消息，卫星变轨成功。

10月29日18时01分，嫦娥一号成功实施了第三次变轨。

10月31日17时28分，嫦娥一号卫星成功实施第四次变轨，顺利

○ 2007年10月24日，首颗探月卫星嫦娥一号发射成功。图为根据卫星获取的科学数据制作的全月球影像图，这是目前世界上已公布的最为清晰、完整的月球影像图。

进入地月转移轨道，开始飞向月球。

11月5日11时37分，北京航天飞行控制中心嫦娥一号卫星成功实施了第一次近月制动，顺利完成第一次"太空刹车"动作。卫星被月球捕获，进入环月轨道，成为中国第一颗月球卫星。

11月26日，国家航天局正式公布嫦娥一号传回的第一幅月面图像，这标志着中国首次月球探测工程取得圆满成功。该幅月球表面图，拍摄于距离月球200公里的飞行轨道上，成像区域面积为128800平方公里，相当于近8个北京市大小。12月9日，国家航天局公布嫦娥一号传回的最新一批月球图片，其中包括中国首张月球三维立体图片。12月11日，国家航天局向媒体发布信息，嫦娥一号卫星CCD相机已对月球背面进行成像探测，并获取了月球背面部分区域的影像图。

12月12日上午，庆祝我国首次月球探测工程圆满成功大会在北京人民大会堂举行。胡锦涛在大会上发表讲话强调：

我国首次月球探测工程的成功，是继人造地球卫星、载人航天飞行取得成功之后我国航天事业发展的又一座里程碑，实现了中华民族的千年奔月梦想，开启了中国人走向深空探索宇宙奥秘的时代，标志着我国已经进入世界具有深空探测能力的国家行列。这是我国推进自主创新、建设创新型国家取得的又一标志性成果，是中华民族在攀登世界科技高峰征程上实现的又一历史性跨越，是中华民族为人类和平开发利用外层空间作出的又一重大贡献。全体中华儿女都为我们伟大祖国取得的这一辉煌成就感到骄傲和自豪。

从绕月探测工程正式立项，到"中国第一幅月图"完美亮相，这项浩大的科技工程仅仅经过了三年多时间。2004年1月23日，国家正式批准了嫦娥一号计划的实施方案。2007年10月24日，嫦娥一号承载着中华民族千年的奔月梦想从西昌成功发射，精确入轨。

2009年3月1日16时13分10秒，嫦娥一号卫星在北京航天飞行控制中心科技人员的精确控制下，准确受控撞击在月球东经52.36度、南纬1.50度的月球丰富海区域，为我国探月一期工程画上圆满的句号。

2013年12月14日，嫦娥三号着陆月球虹湾区域。15日，嫦娥三号着陆器和巡视器"玉兔"号月球车互拍成像。我国探月工程第二步战略目标圆满完成，成为世界上第三个拥有月球软着陆和巡视探测技术的国家。

2018年12月8日2时23分，我国在西昌卫星发射中心用长征三号乙运载火箭成功发射嫦娥四号探测器，开启了月球探测的新旅程。

2019年1月3日10时26分，嫦娥四号探测器成功自主着陆在月球背面南极——艾特肯盆地内的冯·卡门撞击坑内，实现人类探测器首次月背软着陆。嫦娥四号的成功着陆，是人类又一个航天梦想的成功"落地"。

3日11时40分，通过"鹊桥"中继星的"牵线搭桥"，嫦娥四号着陆器获取了月背影像图并传回地面。这是人类探测器在月球背面拍摄的第一张图片。年近九旬的"两弹一星"功勋科学家孙家栋院士说："这一刻，我们都是幸福的追梦人！"

# 汶川救灾

胡锦涛："尽快抢救伤员，保证灾区人民生命安全。"
温家宝："第一位是救人！""一线希望，百倍努力！"
一方有难，八方支援。

2018 年 5 月 12 日 14 时 28 分，一场里氏 8.0 级的特大地震突然袭来，四川、甘肃、陕西等多省受灾。这是新中国成立以来破坏性最强、波及范围最广、救灾难度最大的一次地震。一方有难，八方支援。在突如其来的天灾面前，中华民族的凝聚力如火山喷发般迸发出来。

## 突如其来的特大地震

2008 年 5 月 12 日 14 时 28 分，四川省汶川县发生 8.0 级特大地震。

这次地震强度烈度高，震级达里氏 8.0 级，最大烈度达 11 度，均超过唐山大地震，相当于数百颗原子弹的能量，在 10 万平方公里的区域瞬间释放；影响范围广，波及四川、甘肃、陕西、重庆等 16 个省（区、市），417 个县、4624 个乡（镇）、46574 个村庄受灾，灾区总面积 44 万平方公里，受灾人口 4561 万人；救灾难度大，重灾区多为交通不便的高山峡谷地带，加上地震造成交通、通信中断，河道阻塞，天气恶劣，救援人员、物资、车辆和大型救援设备无法及时进入现场。

地震造成极大破坏，人员伤亡惨重。截至 6 月 27 日 12 时，四川汶川地震已造成 69186 人遇难，374174 人受伤，18457 人失踪。房屋大面积倒塌，倒塌房屋 652.5 万间，损坏房屋 2314.3 万间。北川县城、汶川县映秀镇等部分城镇夷为平地。

灾情就是命令，时间就是生命。在第一时间，党中央、国务院果断决策，紧急号令。中共中央总书记、国家主席、中央军委主席胡锦涛立即作出重要指示：尽快抢救伤员，保证灾区人民生命安全。中共中央政治局常委会连夜召开，全面部署抗震救灾工作。由国务院总理温家宝任总指挥的抗震救灾总指挥部迅速成立，指挥机构高效运转。主题只有一个："第一位是救人！""一线希望，百倍努力！"

人民生命高于一切！在第一时间，解放军、武警、公安快速反应。震后 13 分钟，全军启动应急机制。到 12 日 24 时，近两万名解放军和武警部队官兵已到达灾区开展救援。24000 名官兵紧急空运到重灾区，1 万名官兵通过铁路向灾区进发。在第一时间，受灾地区省委、省政府部署救灾，各级干部奔赴现场指挥。在第一时间，国家减灾委、中国地震局、民政部等启动应急预案，派遣救援队伍，调拨救灾物资。在第一时间，中国红十字会、中华慈善总会等发出紧急呼吁，号召全社会伸出援手。

2008 年 5 月 13 日，三岁男孩郎铮从北川废墟中获救后，向解救他的解放军战士敬礼。

12 日当天，地震发生 2 小时后，16 时 40 分许，温家宝总理乘专机赶赴四川灾区指导救灾工作。19 时 10 分，距地震发生还不到 5 小时，温家宝飞抵成都。随后，温家宝一行在余震中驱车一个多小时，于 21 时许抵达都江堰市，指挥抗震救灾工作。23 时 40 分，他在都江堰临时搭起的帐篷内召开国务院抗震救灾指挥部会议，分析当前抗震救灾形势，部署下一步抗震救灾工作。此间，温家宝跑遍了所有重灾区，指挥抗震救灾工作。

## 争分夺秒抗震救灾

5 月 16 日至 18 日，在抗震救灾的危急时刻，胡锦涛总书记深入北川、汶川等重灾县市，察看灾情，慰问群众，实地指导抗震救灾工作。

5 月 22 日，温家宝总理再赴灾区，指导抗震救灾工作。

按照中央的部署，抗震救灾工作争分夺秒地全面展开。

累计派出解放军、武警部队兵力超过 13 万余人，公安民警、消防官兵和特警 2 万余人，国内外地震专业救援队 5257 人；累计出动各种飞机 4560 架次，解救被困人员、运送紧急物资。截至 5 月 27 日 12 时，共解救被困群众 69.8 万人，其中救活被掩埋人员 6541 人。截至 6 月 26 日 24 时，抢险救灾人员已累计解救和转移 1471534 人。

从各地（包括军队）向灾区派出 14950 名医疗卫生人员，共投入医疗卫生人员约 9.13 万人，其中投入一线 6.5 万人。截至 5 月 27 日 12 时，累计救治伤员 36 万人。

5 月 17 日，迄今为止人类历史上最大规模的由政府组织的伤员跨省转送救治工作正式启动。到 6 月 4 日，99 架包机、21 列专列和部分汽车，向重庆、浙江、江苏、山西、广东、云南、山东、湖南等 20 个省市转送伤员 10015 人。截至 6 月 27 日 12 时，因地震受伤住院治疗累计96316人（不包括灾区病员人数），已出院84438人，共救治伤病员2246948人次。

全力抢修受损设施。各重灾县和主要城镇实现了至少有一条干线公路对外连接。宝成线等因灾中断的5条铁路线均已恢复正常运行。四川54个重灾县已基本恢复或部分恢复供电。加强水库、水电站、堰塞湖险情及地质灾害监测排查、防险抢险工作，未发生重大次生灾害。

## 一方有难，八方支援

为表达全国各族人民对四川汶川大地震遇难同胞的深切哀悼，国务院决定2008年5月19日至21日为全国哀悼日。

全国人民心系灾区、情系灾区。图为北京市民在王府井街头排队为灾区义务献血。

19 日 14 时 28 分起，全国人民默哀 3 分钟，汽车、火车、舰船鸣笛、防空警报鸣响。

这一刻，大江南北，长城内外，神州共悲；这一刻，山峦无语，江河呜咽，举国同哀！为四川汶川大地震中我们同胞失去的生命，为四川汶川大地震中我们同胞遭受的灾难……

一方有难，八方支援。地震灾害深深牵动全球华人的心。全国人民向灾区伸出援助之手。

中华大地奔涌空前规模的爱心热流。许许多多城市，献血长龙将血站"挤爆"；7300 多万名共产党员以 67 亿多元的"特殊党费"，表达了对灾区人民的真情牵挂；全国宣传文化系统《爱的奉献》募捐现场，短短 4 小时募集 15 亿元；各式衣着各方口音，近 20 万志愿者奔向灾区；大江南北长城内外，全国各族人民伸出援手。

血脉相通，骨肉相连，全球华人结成空前亲密的生命整体。香港特区搜救队、台湾红十字会搜救队赶赴灾区，港澳台同胞、海外华侨华人遥寄哀思、慷慨解囊。

截至 6 月 27 日 12 时，全国共接收国内外社会各界捐赠款物总计 541.31 亿元，实际到账款物 536.52 亿元，已向灾区拨付捐赠款物合计 191.61 亿元。

再建家园，法制是保障。6 月 9 日，国务院公布《汶川地震灾后恢复重建条例》。这是我国首个专门针对一个地方地震灾后恢复重建的条例，为灾后过渡性安置、调查评估、恢复重建规划、恢复重建等不同阶段提供了行动指南和法律依据。

举全国之力，支援灾区重建。

5 月 26 日，党中央作出了"建立对口支援机制"的决定。

5 月 27 日，国务院明确提出："实行一省帮一重灾县，几省帮一重灾市（州），举全国之力，加快恢复重建。"

面对灾难，从大风大浪中走来的拥有五千年历史的中华民族，不会屈服于任何灾难，不会被任何艰难困苦所压倒。正是这种伟大力量，推动着中华民族生生不息，开拓前进。历史已经证明并且将继续证明："任何困难都难不倒英雄的中国人民！"

# 北京奥运

----

漫漫申奥路。

举国欢庆。

北京，呈现给世人一届真正无与伦比的奥运会。

2001 年 7 月 13 日，中国北京终于以绝对优势夺得 2008 年奥运会主办权。神州大地顿时成了一片欢乐的海洋……这是中华民族的盛事，全体中华儿女扬眉吐气，为之振奋。

## 漫漫申奥路

1979 年 11 月 26 日下午 4 时，国际奥林匹克委员会领导人在洛桑总部宣布，经过投票表决，国际奥委会委员以 62 票赞成、17 票反对、2 票弃权，批准了执委会在日本名古屋会议上通过的关于中国代表权问题的决议。这个被人们称为"名古屋决议"的庄严文件，根据"一个中国"的原则，确认代表全中国奥林匹克运动的是中国奥林匹克委员会，它将使用中华人民共和国的国旗和国歌；台湾地区的奥委会，作为中国的一个地方机构，只能使用"中国台北奥林匹克委员会"的名称，不得使用原来的旗、歌和徽记，只能使用与之有别、并经国际奥委会批准的旗、歌和徽。名古屋决议使我国在国际奥林匹克运动中的合法权利得到了恢复，结束了我国与国际奥委会中断关系二十一年之久的不正常局面。

1990 年秋天中国北京成功举办第十一届亚运会。当亚运圣火在北京熄灭的时候，中国人民就把目光投向了奥运会。亚运会的成功举办，证明中国完全有条件、有能力办好大型国际运动会，同时也为举办奥运会打下了基础。1991 年 2 月 26 日，中国奥委会经过认真讨论，一致同意北京市为中国举办 2000 年第二十七届奥运会的候选城市，中国政府对此表示完全支持。北京争取承办 2000 年奥运会消息宣布后，在海内外引起了极大的反响。1991 年 4 月北京 2000 年奥林匹克运动会申办委员会正式成立。

美国众议院不顾中国奥委会的抗议和国际奥委会及美国体育界人士要求其停止干预国际奥委会事务的多次呼吁，于 1993 年 7 月 26 日通过了一项违反奥林匹克运动宪章原则的决议案，反对北京举办 2000 年奥运会。这项由加利福尼亚州民主党众议员兰托斯提出的议案，借口所谓的"人权"问题，反对在北京或其他中国城市举行 2000 年奥运会，还要求美国在国际奥委会的代表在 9 月蒙特卡洛会议上投北京的反对票。6月 29 日，国际奥委会主席萨马兰奇在罗马表示，国际奥委会不接受美国众议院就反对在北京举办 2000 年奥运会所施加的压力。中国奥委会1993 年 7 月 27 日发表声明，强烈谴责美国众议院粗暴干涉国际奥林匹克事务。

1993 年 9 月 24 日北京时间凌晨 2 时 27 分 40 秒，出席国际奥委会第 101 次会议的 89 名国际奥委会委员们在当天的秘密记名投票中，选择了悉尼作为 2000 年第二十七届奥运会的举办城市。当天的投票一共进行了四轮，土耳其的伊斯坦布尔和德国的柏林分别在前两轮中被淘汰。在第三轮投票中，北京、悉尼和英国的曼彻斯特三个城市的得票数分别为 40、37 和 11 票，曼彻斯特被淘汰。在前三轮投票中，北京的得票数分别为32、37 和 40 票，一直处于领先地位。在最后一轮投票中，悉尼和北京的得票数分别为 45 和 43 票，这样悉尼成为 2000 年奥运会的举办城市。

2001 年 7 月 12 日晚上 7 时，国际奥委会第 112 次全会开幕式在莫斯科举行。

7 月 13 日，在离投票表决 2008 年奥运会主办城市还有 3 小时前，北京奥申委向国际奥委会全体委员做最后的陈述。按照抽签顺序，北京排在大阪、巴黎和多伦多之后作陈述。每个城市分别有 45 分钟的陈述时间，并在剩下的 15 分钟里回答委员们的提问。北京市市长、北京奥申委主席刘淇，中国奥委会主席、北京奥申委执行主席袁伟民，北京奥申委体育主任楼大鹏和北京奥申委秘书长王伟，运动员代表邓亚萍作了陈述。随后出场的著名主持人杨澜在 4 分钟的演讲中，从一位文化人的角度讲述了中国古老文化的神奇魅力。作为国际奥委会委员的何振梁，最后富有感情地总结了北京申奥的历史意义。他对国际奥委会的同事说道："无论你们今天做出什么选择，都将创造历史。但是只有一个决定有改变历史的力量。你们今天这个决定将通过运动促进世界和中国的友谊，从而使全人类受益。"7 月 13 日下午，中国国务院副总理李岚清在莫斯科就中国政府支持北京申办 2008 年夏季奥运会向国际奥委会第 112 次全体会议作陈述报告，代表中国政府再次确认中国政府坚定支持北京申请举办 2008 年奥运会的立场。

7 月 13 日北京时间晚间 10 时 10 分，当国际奥委会主席萨马兰奇用平稳的语调宣布北京成为 2008 年奥运会主办城市时，聚集在莫斯科世界贸易中心的中国人眼睛湿润了。

北京在国际奥委会第 112 次全会选定 2008 年奥运会主办城市的第二轮投票中，就以过半数优势赢得了奥运会主办权。在这轮投票中，北京获得了 56 票，多伦多为 22 票，巴黎为 18 票，伊斯坦布尔为 9 票。国际奥委会委员投给北京的票数比第二名城市多出 34 票，在申办奥运的历史上还从未有这样悬殊的结果，北京申办成功创造了奥运申办史上的纪录。

　　7 月 14 日零时 35 分，国家主席江泽民致信国际奥委会主席萨马兰奇，表示中国政府和中国人民将全力以赴支持北京办好 2008 年奥运会。

## 举国欢庆

　　2001 年 7 月 13 日晚，当北京申奥成功的消息传来，聚集在中华世纪坛的各界群众爆发出排山倒海的欢呼。40 万北京群众自发来到天安门广场，欢庆申奥成功。

　　当晚的中华世纪坛，成为亿万中国人民激情迸发的缩影。22 时 20 分，江泽民来到中华世纪坛南端的圣火台前，与参加联欢活动的大学生、运动员、劳动模范及群众代表见面。此刻，世纪坛成为欢乐的海洋。江泽民向全场群众发表讲话。

　　在全城的欢庆声中，江泽民等党和国家领导人驱车来到天安门广场，向聚集在广场上的 40 万各界群众招手致意。广场上，人们载歌载舞，挥动彩旗，纵情欢呼。随后，江泽民等党和国家领导人高兴地登上天安门城楼，观看满城的灯火和群众欢庆的场面，与人们共度这个美好的夜晚。当晚，上海、西安、合肥、天津、武汉、长沙、兰州、太原、拉萨、银川、沈阳、乌鲁木齐、大连、南宁、呼和浩特、珠海、哈尔滨、昆明、深圳、海口、成都、南京、济南、延安、杭州等地举行了各种庆祝活动。

　　在得知北京获得 2008 年奥运会主办权后，全球各地的华侨华人感到无比高兴与自豪，纷纷通过各种形式表达自己的喜悦之情，热烈祝贺北京申奥成功。中国人民向全世界承诺要把 2008 年奥运会办成一届最精彩、最出色的奥运会。

## 一届真正无与伦比的奥运会

北京奥运，百年梦圆。45亿不同肤色、不同语言、不同国家和地区的观众共同分享北京奥运会的快乐。来自204个国家和地区的一万多名运动员挑战极限、攀越新高，刷新了38项世界纪录、85项奥运会纪录。

中国健儿以51枚金牌、100枚奖牌的优异成绩和崭新风貌令世界瞩目；百万志愿者以他们的亲切微笑和周到服务令世人称颂。

"两个奥运，同样精彩"。北京残奥会上，残疾运动员自强不息、奋勇拼搏，为世人诠释了"同一个世界，同一个梦想"的主题，传播了"超越、融合、共享"的理念，展现了人类坚忍不拔的精神。

北京，呈现给世人一届真正无与伦比的奥运会。

北京奥运会场馆和相关设施令人赞叹，实施"三大理念"成果显著。北京奥运会计划使用37个比赛场馆，56个训练场馆。比赛场馆中，在京31个，其中新建12个，改扩建11个，临建8个。其余6个分别为：青岛的帆船赛场、香港的马术赛场以及天津、上海、沈阳、秦皇岛4个城市的足球赛场。在奥运场馆建设中，落实"三个奥运"理念，实施了600多个项目，在技术保障、生态环境、人文环境等方面取得了重要成果。在所有奥运场馆建设中广泛采用建筑节能、数字模拟、体育工艺等先进技术。同时建成了第一个智能光传送网络，使北京奥运会成为第一个宽带奥运会。

北京奥运会会徽、吉祥物、奖牌、口号成为特色。筹办奥运以来，先后发布了北京奥运会会徽、吉祥物、主题口号等主要标志，得到了国内外的广泛好评。这些标志有三个特点：一是突出中国文化的特色；二是与奥运标志巧妙结合；三是突出了体育运动的特点。火炬采用了如意的造型，装饰了祥云图案。金、银、铜三种奖牌都采用了"金玉良缘"的设计。把

北京奥运会上中国代表团入场

玉用在奥运奖牌上，这在奥运史上是第一次。

火炬接力为展示中华文明，传播和谐世界的理念搭建了巨大平台。2007年4月26日，发布了北京奥运会火炬接力计划路线。火炬接力于2008年3月下旬至8月8日举行，历时130天。共有21880名火炬手参加接力活动。火炬接力分为境内、境外两部分，以境内传递为主。境外传递以"和谐之旅"为主题，丝绸之路为主线，立足亚洲，前往五大洲19个国家的19个城市。境内传递的口号是"点燃激情，传递梦想"。历时97天，经过31个省、自治区和直辖市的113个城市，并抵达珠穆朗玛峰。

这是一届消除隔阂、充满友善的奥运会。

8月20日晚上，博尔特创造了新的世界纪录。第二天是他的22岁生日，"鸟巢"9万余观众为他唱起"祝你生日快乐"。全世界几十亿电视观众目睹这一幕。还有比这更豪华气派的生日吗？谁人能比？

在开幕式上，日本代表团入场，每个人手持日中两国国旗。这在北京奥运会上是唯一，在奥运会历史上也属罕见。各国代表团的旗手，通常是身材高大的、获得过世界冠军的明星担任，如果按照这个思维，日本代表团的旗手应该是世界蛙王北岛康介。但日本代表团的出场旗手是身高1.55米、没有拿过金牌的小姑娘福原爱。福原爱在中国学打乒乓球，会讲带东北味的普通话，一个清纯可爱的"瓷娃娃"，她对中国有感情，中日两国人民都喜欢她。她就是一位中日两国人民友善的大使。我们有理由相信，这是日本人民向中国人民释放的友善信号。

闭幕式的前一天，美国花样游泳队在"水立方"入场时，用中英文打出一个巨大的条幅："谢谢你，中国。"

这是一届创造奇迹、超越梦想的奥运会。

蒙古、多哥、阿富汗、塔吉克斯坦等代表团实现了各自国家金牌、奖牌的历史性突破；菲尔普斯独得8金并打破7项世界纪录；博尔特包揽男子100米、200米这两颗奥运会"皇冠上的明珠"并双破世界纪录；中国代表团历史上首次跃居金牌榜首位……一项项优异的成绩，一个个辉煌的瞬间，让人类骄傲，让世界沸腾。

这是一届彰显人性、迸发真情的奥运会。

俄罗斯选手帕杰林娜和格鲁吉亚选手萨鲁克瓦泽在女子气手枪决赛结束后相拥相吻，让人类追求和平的天性尽情展现；从一群年龄只有自己一半的小女孩手中夺得一枚银牌，德国体操女选手丘索维金娜"高龄"参赛，为自己的儿子筹措治病费用，伟大的母爱感天动地；颁奖仪式上，德国举重选手施泰纳眼含热泪把亡妻苏珊的照片和奥运金牌高高举起，现场和电视机前的观众无不动容；南非残疾姑娘杜托伊特在游完10公里游泳马拉松后直言"我从来没想到过自己少一条腿"，激情四射，豪气冲天。

……

在北京奥运会上，中国体育代表团第一次登上奥运金牌榜榜首。图为中国体操男队队员夺得团体决赛冠军后领奖。

2008年8月8日到8月24日，人类文明史将收录、珍藏、传诵这辉煌的日子！

"同一个世界、同一个梦想"。热情好客的中国人民为了北京奥运会的成功倾注了心血，诠释了这个古老而青春勃发的民族对奥运理念的认识。人类共有的理想，超越了肤色、信仰、文化、语言的障碍。一句句问候、一次次握手、一个个微笑，多少年以后，也许人们会忘记金牌的归属，但崇高的人性光辉，将被永远地珍藏。一位位英雄的问世，一幕幕经典的诞生，一个个奇迹的出现，一份份情感的涌动，多少年以后，人们也许各自天南海北，但同一份美好的记忆，将被深深地镌刻。

# 习近平："努力向历史、向人民交出一份合格的答卷"

——

一个国家、一个政党，领导核心至关重要。

毛泽东说："一个桃子剖开来有几个核心吗？只有一个核心"，"要建立领导核心，反对'一国三公'"。

邓小平也多次阐释中央领导核心问题，强调"要以高度的自觉性来理解和处理"这个问题。

2012年11月15日上午，中国共产党第十八届中央委员会第一次全体会议选举产生25人组成的十八届中央政治局，选举习近平、李克强、张德江、俞正声、刘云山、王岐山、张高丽为中央政治局常务委员会委员，选举习近平为中央委员会总书记；通过了中央书记处成员；决定了中央军事委员会组成人员；批准了中央纪律检查委员会第一次全体会议选举产生的领导机构。11时53分，刚刚当选的十八届中央政治局常委在热烈的掌声中，同中外记者亲切见面。

习近平总书记逐一介绍了新当选的其他6位中央政治局常委，代表新一届中央领导机构成员感谢全党同志的信任，并表示定当不负重托，不辱使命。他说，全党同志的重托，全国各族人民的期望，是对我们做好工作的巨大鼓舞，也是我们肩上的重大责任。

　　习近平总书记强调，人民是历史的创造者，群众是真正的英雄。人民群众是我们力量的源泉。我们深深知道，每个人的力量是有限的，但只要我们万众一心、众志成城，就没有克服不了的困难；每个人的工作时间是有限的，但全心全意为人民服务是无限的。责任重于泰山，事业任重道远。我们一定要始终与人民心心相印、与人民同甘共苦、与人民团结奋斗，夙夜在公，勤勉工作，努力向历史、向人民交出一份合格的答卷。

　　时间在这一刻被赋予了新的历史含义。邓小平曾经指出："办好中国的事情，关键在党，关键在人。""关键在于共产党要有一个好的政治局，特别是好的政治局常委会。只要这个环节不发生问题，中国就稳如泰山。"组成一个好的政治局及其常务委员会，对于在国际国内形势深刻变化的条件下维护和推进我国改革发展稳定大局，保障党和国家事业继往开来、与时俱进，具有十分重要的意义。

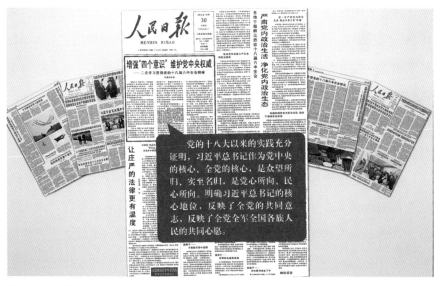

党的十八届六中全会召开后，《人民日报》连续刊发的5篇评论员文章。

2016 年，金秋北京。在锤头镰刀的巨大党徽前，中央委员会以举手表决的方式，一致通过了党的十八届六中全会公报，这份举世瞩目的公报中正式提出"以习近平同志为核心的党中央"。

一个国家、一个政党，领导核心至关重要。回顾世界社会主义发展的历史，维护权威历来是马克思主义政党建设的重大课题。在总结巴黎公社失败教训时，马克思恩格斯曾深刻指出："巴黎公社遭到灭亡，就是由于缺乏集中和权威。"列宁也高度重视维护党的权威和革命领袖的权威。他指出："造就一批有经验、有极高威望的党的领袖是一件长期的艰难的事情。但是做不到这一点，无产阶级专政、无产阶级的'意志统一'就只能是一句空话。"

从中国共产党的历史来看，形成坚强的中央领导核心，并维护这个核心的权威，对我们这样的大党、大国尤为重要。毛泽东说："一个桃子剖开来有几个核心吗？只有一个核心"，"要建立领导核心，反对'一国三公'"。邓小平也多次阐释中央领导核心问题，强调"要以高度的自觉性来理解和处理"这个问题。1935 年遵义会议前，由于没有形成成熟的党中央，党的事业几经挫折，甚至面临失败危险。遵义会议确立了毛泽东在红军和党中央的领导地位，我们党开始形成坚强的领导核心，从此中国革命便焕然一新。正是在党中央坚强有力的领导下，经过一代又一代中国共产党人团结带领人民接续奋斗，中国革命、建设、改革事业才取得举世瞩目的伟大成就。

我国正处在世界格局深刻调整、国际竞争日趋激烈的时代条件下，正处在国内改革全面深化、发展全面推进的重要时期，党内"四大考验""四种危险"现实地摆在面前，治国理政担子之重、难度之大超乎想象，我们比任何时候都更需要一个坚强的领导核心。习近平总书记为党中央的核心、全党的核心，是在伟大斗争中形成的。党的十八大以来，习近平总书记带领全党全军全国各族人民丌创了中国特色社会主义伟大事业和党的建设新的伟大工程新局面，在改革发展稳定、内政外交国防、治党治国治军等方面取得了一系列具有重大现实意义和深远历史意义的成就，实现了党和国家事业的继往开来，赢得了全党全军全国各族人民衷心拥护，受到了国际社会高度赞誉。党的十八大以

2017年9月25日，"砥砺奋进的五年"大型成就展在北京展览馆举办。

来，习近平总书记事实上已经成为党中央的核心、全党的核心。确立习近平总书记为党中央的核心、全党的核心，是我们党的郑重选择，是众望所归、名副其实、当之无愧。

　　维护习近平总书记党中央的核心、全党的核心地位，维护党中央权威和集中统一领导，是保证全党团结统一、步调一致，带领全国各族人民决胜全面建成小康社会、奋力夺取新时代中国特色社会主义伟大胜利的根本政治保证。全党同志必须增强"四个意识"，坚定"四个自信"，坚决做到"两个维护"，在以习近平同志为核心的党中央坚强领导下，为实现"两个一百年"奋斗目标、实现中华民族伟大复兴的中国梦阔步前行。

# 全面建成小康社会

———

全面建成小康社会，中国已进入"倒计时"。

所谓小康水平，是指在温饱的基础上，生活质量进一步提高，达到丰衣足食。

从"建设"到"建成"的一字之改，目标更加明确，任务更加具体，时间更加紧迫。

2012 年 11 月，党的十八大报告郑重提出，"确保到 2020 年实现全面建成小康社会宏伟目标"，"实现国内生产总值和城乡居民人均收入比 2010 年翻一番"，从而把全面建成惠及十几亿人口的更高水平小康社会美好前景，更加清晰地呈现在全国人民面前。

从"建设"到"建成"，一字之变，引起外界普遍关注。分析人士认为，全面建成小康社会，中国已进入"倒计时"。

"小康"一词是人们对美好生活的向往，最早见于《诗经·大雅·民劳》："民亦劳止，汔可小康"，意思就是轻徭薄赋，予民休息，让老百姓过上小安康乐的日子。

1979 年 12 月，邓小平在会见来访的日本首相大平正芳时，首次提出"小康之家"的全新概念。他说："我们要实现的四个现代化，是中国式的四个现代化。我们的四个现代化的概念，不是像你们那样的现代化的概念，而是'小康之家'。"

在这里，邓小平用"小康之家"这样一个中国历史上普通百姓一直向往的吃穿不愁、日子好过的理想社会状态，来定位党在 20 世纪末所要实现的战略目标，从而把党和国家的战略目标同人民群众的生活密切地联系起来，使长期以来十分抽象的经济发展战略，变成了与每一个中国人都利益攸关的具体的、明确的发展目标。

　　1982 年 9 月，党的十二大正式把邓小平提出的 20 世纪末实现小康目标的构想确定为今后 20 年中国经济建设总的奋斗目标，即：从 1981 年到 20 世纪末的 20 年，力争使全国工农业的年总产值翻两番，即由 1980 年的 7100 亿元增加到 2000 年的 2.8 万亿元左右，人民的物质文化生活达到小康水平。

　　1987 年 4 月，邓小平在与西班牙工人社会党副总书记、政府副首相格拉会谈时，第一次完整地描绘了"三步走"经济发展战略。他说："我们原定的目标是，第一步在八十年代翻一番。以一九八〇年为基数，当时

○～○　1989 年，小岗村丰收景象。

国民生产总值人均只有二百五十美元，翻一番，达到五百美元。第二步是到本世纪末，再翻一番，人均达到一千美元。实现这个目标意味着我们进入小康社会，把贫困的中国变成小康的中国。那时国民生产总值超过一万亿美元，虽然人均数还很低，但是国家的力量有很大增加。我们制定的目标更重要的还是第三步，在下世纪用三十年到五十年再翻两番，大体上达到人均四千美元。做到这一步，中国就达到中等发达的水平。这是我们的雄心壮志。目标不高，但做起来可不容易。"

1987 年 10 月，党的十三大正式确认了邓小平提出的"三步走"发展战略：第一步，实现国民生产总值比 1980 年翻一番，解决人民温饱问题。第二步，到 20 世纪末，国民生产总值再增长一倍，人民生活达到小康水平。第三步，到 21 世纪中叶，人均国民生产总值达到中等发达国家水平，人民生活比较富裕，基本实现现代化。

党的十三大后，在经济改革和对外开放的推动下，我国经济高速增长，到 1988 年，提前实现了国民生产总值比 1980 年翻一番的目标，"三步走"第一步发展战略提前实现。我国人民生活水平逐步实现由贫困到温饱的历史性跨越。

越是接近实现小康目标，越需要对小康目标和小康水平这类概念作出更全面规范和更具可操作性的表述。1990 年 12 月，党的十三届七中全会通过《关于制定国民经济和社会发展十年规划和"八五"计划的建议》指出："所谓小康水平，是指在温饱的基础上，生活质量进一步提高，达到丰衣足食。这个要求既包括物质生活的改善，也包括精神生活的充实；既包括居民个人消费水平的提高，也包括社会福利和劳动环境的改善。"

1992 年 10 月，党的十四大报告指出："从现在起到下个世纪中叶，对于祖国的繁荣昌盛和社会主义事业的兴旺发达，是很重要很宝贵的时期。我们的担子重，责任大。在九十年代，我们要初步建立起新的经济体制，实现达到小康水平的第二步发展目标。再经过二十年的努力，到建党一百周年的时候，我们将在各方面形成一整套更加成熟更加定型的制度。在这样的基础上，到下世纪中叶建国一百周年的时候，就能够达到第三步发展目标，基本实现社会主义现代化。"

到 1995 年，原定 2000 年国民生产总值比 1980 年翻两番的目标提前完成；1997 年，人均国民生产总值翻两番的目标提前完成，由此也实现了由温饱到总体小康的历史性跨越。1997 年 9 月，党的十五大报告首次提出 21 世纪初开始"进入和建设小康社会"。

21 世纪之初，中国总体上实现了小康。2002 年，面对社会发展不平衡，城乡差别、区域差别很大的现状，十六大提出全面建设小康社会的目标。2007 年，十七大提出了实现全面建设小康社会奋斗目标的新要求。

根据目前全面建设小康社会的进展情况，党的十八大在原来"全面建

玉门市小金湾民族学校欢乐的移民村同学们

设小康社会"的基础上，进一步提出到 2020 年"全面建成小康社会"的任务。其关键和点睛之处，是将"建设"改成了"建成"。这一改动，是党的十八大审时度势，根据现实情况和人民意愿作出的重大决策。从"建设"到"建成"的一字之改，目标更加明确，任务更加具体，时间更加紧迫。

根据我国经济社会发展实际，十八大提出的全面建成小康社会，要在十六大、十七大确立的全面建设小康社会目标的基础上，努力实现以下的新要求：经济持续健康发展，人民民主不断扩大，文化软实力显著增强，人民生活水平全面提高，资源节约型、环境友好型社会建设取得重大进展。

全面建成小康社会是我们党对人民的郑重承诺，承载着全体人民过上美好生活的新期待，也承载着全体中华儿女实现中华民族伟大复兴中国梦的期盼。只要我们按照党的十八大描绘的宏伟蓝图，全面把握机遇，沉着应对挑战，顽强奋斗，就一定能赢得主动、赢得优势、赢得未来，确保到 2020 年实现全面建成小康社会宏伟目标。

# 中国特色社会主义进入新时代

———

中国特色社会主义进入了新时代，这是我国发展新的历史方位。
我国仍处于并将长期处于社会主义初级阶段的基本国情没有变，我国是世界最大发展中国家的国际地位没有变。

2017年10月18日至24日，中国共产党第十九次全国代表大会在北京举行。习近平总书记在党的十九大报告中庄严宣告："经过长期努力，中国特色社会主义进入了新时代，这是我国发展新的历史方位。"

中国特色社会主义进入新时代，有着重大国际国内意义。它意味着近代以来久经磨难的中华民族迎来了从站起来、富起来到强起来的伟大飞跃，迎来了实现中华民族伟大复兴的光明前景；意味着科学社会主义在21世纪的中国焕发出强大生机活力，在世界上高高举起了中国特色社会主义伟大旗帜；意味着中国特色社会主义道路、理论、制度、文化不断发展，拓展了发展中国家走向现代化的途径，给世界上那些既希望加快发展又希望保持自身独立性的国家和民族提供了全新选择，为解决人类问题贡献了中国智慧和中国方案。

这个新时代，是承前启后、继往开来、在新的历史条件下继续夺取中国特色社会主义伟大胜利的时代，是决胜全面建成小康社会、进而全面建设社会主义现代化强国的时代，是全国各族人民团结奋斗、不断创造美好生活、逐步实现全体人民共同富裕的时代，是全体中华儿女勠力同心、奋

○∿ 2017年5月5日，由中国自行研制、具有完全自主知识产权的喷气式大型客机C919，在上海浦东国际机场一跃而起，直上云霄。

力实现中华民族伟大复兴中国梦的时代，是我国日益走近世界舞台中央、不断为人类作出更大贡献的时代。

继而，习近平总书记在党的十九大报告中作出我国社会主要矛盾已经转化为人民日益增长的美好生活需要和不平衡不充分的发展之间的矛盾这一重大政治论断。他说，我国稳定解决了十几亿人的温饱问题，总体上实现小康，不久将全面建成小康社会，人民美好生活需要日益广泛，不仅对物质文化生活提出了更高要求，而且在民主、法治、公平、正义、安全、环境等方面的要求日益增长。同时，我国社会生产力水平总体上显著提高，社会生产能力在很多方面进入世界前列，更加突出的问题是发展不平衡不充分，这已经成为满足人民日益增长的美好生活需要的主要制约因素。

对于我国社会主要矛盾的转化，习近平总书记进一步提出两个"必须认识到"，即：一是必须认识到，我国社会主要矛盾的变化是关系全局的历史性变化，对党和国家工作提出了许多新要求。我们要在继续推动发展的基

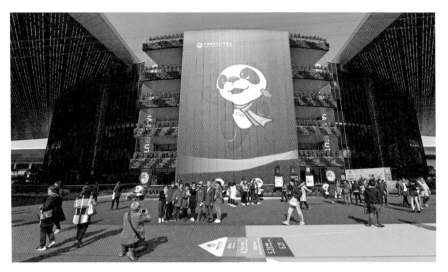

〇〇　2018年11月5日，以"新时代，共享未来"为主题的首届中国国际进口商品博览会在上海隆重开幕。

础上，着力解决好发展不平衡不充分问题，大力提升发展质量和效益，更好满足人民在经济、政治、文化、社会、生态等方面日益增长的需要，更好推动人的全面发展、社会全面进步。二是必须认识到，我国社会主要矛盾的变化，没有改变我们对我国社会主义所处历史阶段的判断，我国仍处于并将长期处于社会主义初级阶段的基本国情没有变，我国是世界最大发展中国家的国际地位没有变。全党要牢牢把握社会主义初级阶段这个基本国情，牢牢立足社会主义初级阶段这个最大实际，牢牢坚持党的基本路线这个党和国家的生命线、人民的幸福线，领导和团结全国各族人民，以经济建设为中心，坚持四项基本原则，坚持改革开放，自力更生，艰苦创业，为把我国建设成为富强民主文明和谐美丽的社会主义现代化强国而奋斗。

　　总之，中国特色社会主义进入新时代，在中华人民共和国发展史上、中华民族发展史上具有重大意义，在世界社会主义发展史上、人类社会发展史上也具有重大意义。中国特色社会主义必将在新时代展现出更加强大的生命力！

# 新发展理念引领中国经济

———

鲜明提出创新、协调、绿色、开放、共享的新发展理念。

2018 年中国经济总量跨过 90 万亿元人民币大关，人均国内生产总值接近 1 万美元。

稳中向好、长期向好是中国经济没有改变也不会改变的大趋势。

解放和发展社会生产力，是社会主义的本质要求。党的十八大以来，习近平总书记顺应时代和实践发展的新要求，坚持以人民为中心的发展思想，鲜明提出创新、协调、绿色、开放、共享的新发展理念。以新发展理念为引领，以推进供给侧结构性改革为主线，中国经济实现中高速增长。

2013 年至 2018 年，国内生产总值年均增长 7.0%，高于同期世界 2.9% 左右的平均增长水平，成为世界经济增长的动力之源、稳定之锚。经济总量连年上新台阶，国内生产总值在 2016 年超过 70 万亿元，2017 年超过 80 万亿元，2018 年突破 90 万亿元，稳居世界第二位。

而如何看待中国经济发展前景？2019 年 6 月 4 日，对俄罗斯联邦进行国事访问并出席第二十三届圣彼得堡国际经济论坛前夕，国家主席习近平在接受俄罗斯塔斯社、《俄罗斯报》联合采访中回答了这一问题。他说：

新中国成立 70 年来，特别是改革开放 40 年来，中国经济发展取

○──。 呈"四叶草"造型的国家会展中心（上海）

得举世瞩目的成就，中国成为世界第二大经济体以及制造业、货物贸易、外汇储备第一大国。2018 年，中国经济总量跨过 90 万亿元人民币大关，人均国内生产总值接近 1 万美元，经济增速 6.6%，位居世界前列，对世界经济增长贡献率约 30%。

今年以来，面对世界经济增长和国际贸易有所放缓的大环境，中国经济开局良好，主要经济指标保持在合理区间。一季度国内生产总值增长 6.4%，连续 14 个季度经济增速保持在 6.4% 至 6.8% 区间，延续近年来平稳增长态势，国内消费继续发挥对经济增长的主引擎作用；就业持续增加，前 4 个月城镇新增就业 459 万人，居民收入增长略快于经济增长；物价水平保持总体稳定，居民消费价格温和上涨 2%；进出口总额同比增长 4.3%，外汇储备保持在 3 万亿美元以上。同时，中国的经济结构在优化，发展方式在转变，质量效益在提升，稳中向好态势更趋明显。

稳中向好、长期向好是中国经济没有改变也不会改变的大趋势。展望未来，中国经济平稳健康可持续发展具备充足支撑条件。一是资源潜力，中国有近 14 亿人口、9 亿劳动力、1.7 亿受过高等教育和拥有技能的人才资源、全球最大的中等收入群体、1 亿多个市场主体；二是内生动力，中国经济增长主要靠内需拉动，2018 年内需对经济增长贡献率达 108.6%，其中最终消费贡献率达 76.2%；三是发展活力，中国研发投入全球排名第二，约占经济总量 2.18%，以战略性新兴产业、分享经济等为代表的新动能不断壮大；四是调控能力，有中国共产党的坚强领导，有集中力量办大事的政治优势，有万众一心、众志成城的民族精神，有改革开放以来持续高速发展积累的雄厚物质技术基础，有巨大发展韧性、潜力、回旋余地，有丰富的宏观调控经验和充足的政策空间，我们完全有条件、有能力、有信心应对各种风险挑战。

2019 年 7 月 29 日，中共中央在中南海召开党外人士座谈会，就当前经济形势和下半年经济工作听取各民主党派中央、全国工商联负责人和无党派人士代表的意见和建议。习近平总书记主持座谈会并发表重要讲话。他指出，要增强信心、保持定力、坚定底气，统筹国内国际两个大局，坚持稳中求进工作总基调，促进经济持续健康发展。既要看到经济运行中的困难和问题，又要看到我国经济长期向好的趋势没有变，坚定不移深化供给侧结构性改革，培育新的经济增长点，扎扎实实推动经济高质量发展。他强调，新中国成立 70 年来，我们走过了不平凡的路程。我们既要坚信中国的发展前途光明，又要充分认识到道路曲折、困难很多，发挥中国共产党领导和我国社会主义制度的政治优势，集中力量办大事，打好防范和抵御风险的有准备之战，打好化险为夷、转危为机的战略主动战。

总之，持之以恒贯彻新发展理念，必将更加激发全社会创造力和发展活力，实现中国经济更高质量、更有效率、更加公平、更可持续的发展！

# 党中央治疆方略落地生根

———

习近平总书记多次强调："新疆的问题最长远的还是民族团结问题。"

"像爱护自己的眼睛一样爱护民族团结，像珍视自己的生命一样珍视民族团结，像石榴籽那样紧紧抱在一起。"

"社会稳定和长治久安是新疆工作的总目标。"

5 年来新疆一般公共预算支出 70% 以上用于保障改善民生。

2018 年新疆经济总量比 1952 年增长了 200 倍。

新中国成立以来中央财政对新疆补助累计达 2.35 万亿元。

习近平总书记多次强调："新疆的问题最长远的还是民族团结问题。""像爱护自己的眼睛一样爱护民族团结，像珍视自己的生命一样珍视民族团结，像石榴籽那样紧紧抱在一起。"

2014 年 5 月 28 日至 29 日，第二次中央新疆工作座谈会在北京召开。以习近平同志为核心的党中央从战略和全局高度谋划新疆未来，明确"社会稳定和长治久安是新疆工作的总目标"。此后，新疆围绕总目标谋划和推进各项工作。

2019 年 6 月 27 日《人民日报》发表新华社记者曹志恒、于涛《阔步走向长治久安——第二次中央新疆工作座谈会召开 5 周年综述》一文，回顾总结了第二次新疆工作会议 5 年来新疆各方面建设取得的辉煌成绩。7 月 30 日，在国务院新闻办举行的新中国成立 70 周年省（区、市）系列主题新闻发布会上，新疆维吾尔自治区领导同志介绍了新疆的发展状况，

◯〜 2012 年 11 月 14 日，新疆代表参加中国共产党第十八次全国代表大会。

并回答记者提问。7 月 31 日《人民日报》以《新疆 同心协力共繁荣》( 权威发布 ) 为题进行了报道。

坚持稳中求进工作总基调，保持新疆经济平稳健康发展。新中国成立 70 年来，新疆与祖国同奋进共成长，天山南北发生了翻天覆地的变化。新疆经济总量从 1952 年的 7.91 亿元，增长到 2018 年的 1.2 万亿元，扣除物价上涨因素，增长了 200 倍，年均增长 8.3%；人均生产总值从 1952 年的 166 元，增长到 2018 年的 4.9 万元，增长了 37.7 倍，年均增长 5.7%。

持续开展严打专项斗争，打好反恐维稳"组合拳"。党政军警兵民协调联动，打一场人民战争，铸就反恐维稳钢铁长城。一手抓依法打击暴恐分子，一手抓最大限度争取和凝聚人心，持续深入开展发声亮剑活动，汇聚起实现社会稳定和长治久安的强大正能量。

"不是一家人，胜似一家亲"。自 2017 年起，随着"民族团结一家亲

&#9901; 2014年11月16日，新疆高铁正式迎来首发之旅。共有3对动车组从乌鲁木齐和哈密站对开。

号"列车开通，走在结对认亲路上的干部职工络绎不绝，先后有112万干部职工与169万户各族基层群众结成超越血缘的亲人，民族团结之花开遍天山南北。新疆的少数民族干部由1950年的约3000人，增加到2018年的42.8万人，占全区干部总数的50.3%。其中，少数民族女性干部23.3万人，占新疆女性干部总数的51.8%。

坚持民生优先，推进脱贫攻坚、扩大就业增收、坚持教育优先发展等具体措施。新疆城乡居民收入由1978年的319元和119元，分别提高到2018年的32764元和11975元，年均分别增长12.3%和12.2%。新疆连续多年将一般公共预算支出70%以上用于保障改善民生，持续推进各项惠民工程，发展成果更多更公平地惠及各族群众。2014年至2018年，新疆累计实现231.47万人脱贫，贫困发生率由2013年底的19.4%降至2018年底的6.1%。全区城镇零就业家庭始终保持24小时内动态清零，保证至少有一人就业。在集中连片深度贫困地区南疆四地州实施3年10万人就业计划。2016年至2018年，新疆累计实现城镇新增就业140万余人次、农村富余劳动力转移就业830.5万人次。完善控辍保学机制，截至2018年底，新疆学前三年幼儿毛入园率达96.9%，九年义务教育巩固率达94.2%。

援疆工作持续推进。新中国成立以来，中央财政对新疆补助累计达 2.35 万亿元，2018 年达到 3022 亿元，占当年新疆财政支出的 60.3%；2010 年以来，全国 19 个省市对口支持新疆，已累计投入援助资金 1035 亿元，引进合作资金近 1.8 万亿元。一座座由援疆资金建设的现代化学校、医院、工厂拔地而起，一批批凝聚着全国人民关爱的民生工程、民族团结工程竣工投产，天山南北走上社会发展快车道。

2018 年，新疆全年旅游人数突破 1.5 亿人次，同比增长 40.09%。

今天的新疆，各族群众正以更加坚定的决心、更加团结的力量、更加坚实的脚步，在中华民族伟大复兴的征程上继续昂首前行。

# 治边稳藏写华章

———

治国必治边，治边先稳藏。

国家累计投入 1 万多亿元实施了 800 多个重点建设项目。

2018 年城乡居民人均可支配收入分别达到 33797 元和 11450 元，分别是 1965 年的 73 倍和 105 倍。

人均预期寿命从 35.5 岁提高到 68.2 岁。

2019 年是西藏实行民主改革 60 周年，也是西藏百万农奴解放 60 周年。

2015 年 8 月 24 日，习近平总书记在中央第六次西藏工作座谈会上讲话指出，必须坚持治国必治边、治边先稳藏的战略思想，坚持依法治

2013 年 10 月 31 日，全长约 117 公里、总投资近 16 亿元的墨脱公路正式建成通车。

藏、富民兴藏、长期建藏、凝聚人心、夯实基础的重要原则。必须全面正确贯彻党的民族政策和宗教政策，把维护祖国统一、加强民族团结作为工作的着眼点和着力点，不断增进各族群众对伟大祖国、中华民族、中华文化、中国共产党、中国特色社会主义的认同。

60年来，党中央一直高度重视西藏工作，亲切关怀西藏各族人民。在党中央坚强领导下，在党的民族政策光辉照耀下，在全国人民的无私援助下，全区各族人民沿着中国特色社会主义道路砥砺奋进，谱写了革命、建设、改革的壮美篇章。党的十八大以来，全区各族干部群众紧密团结在以习近平同志为核心的党中央周围，高举中国特色社会主义伟大旗帜，深入学习贯彻习近平新时代中国特色社会主义思想和党的十八大、十九大以及中央第六次西藏工作座谈会精神，贯彻习近平总书记关于治边稳藏的重要论述和关于西藏工作的一系列重要指示批示精神，感恩奋进、守望相助，开创了长足发展和长治久安的新局面。

中共西藏自治区委员会在《求是》2019第6期发表《党的光辉照耀雪域高原》一文，详细回顾总结了西藏民主改革60年来各项事业取得的辉煌成就，读来令人欣喜和振奋。

经济持续健康发展、社会面貌日新月异。社会主义制度的建立，改革开放政策的实施，极大地解放和发展了西藏的社会生产力，特别是中央先后召开六次西藏工作座谈会，制定了一系列特殊优惠政策，为西藏经济社会发展注入了强大动力。1959年，全区地区生产总值只有1.74亿元，2018年，达到1477.6亿元，增长了191倍。国家累计投入1万多亿元实施了800多个重点建设项目，基础设施实现超常规发展，公路总里程达到9.74万公里，拉贡等7条高等级公路建成通车，青藏铁路、拉日铁路建成运营，川藏铁路拉林段建设进展

○～。 青藏铁路通车

顺利，建成运营民航机场5个，满拉、旁多等一大批水利枢纽工程建成投入使用，青藏、川藏电力联网工程架起了电力"天路"。以青稞、牦牛等为主要内容的特色种养业和绿色有机农畜产品加工业不断发展壮大，旅游文化、清洁能源、生态环保、现代服务、边贸物流、高新数字等产业加快发展，资源优势正在转化为经济优势。

人民生活水平大幅提高，各族群众获得感幸福感不断增强。党的各项富民政策全面落实，西藏各族群众享受到了全国最优惠的政策。2018年城乡居民人均可支配收入分别达到33797元和11450元，分别是1965年的73倍和105倍，城乡居民人均自有住房面积分别达到28.6平方米和33.9平方米，拉萨、那曲、阿里等城镇集中供暖工程建成投入使用，结束了祖祖辈辈靠烧牛粪取暖的历史。义务教育"三包"政策全面落实，15年免费教育政策不断完善，学前双语教育全面普及，城乡义务教育一体化改革发展深入推进，2018年学前教育毛入园率

77.9%，青壮年文盲率下降到0.52%，劳动力人口受教育平均年限达到8.6年。覆盖城乡的医疗卫生服务网络逐步形成，以免费医疗为基础的农村医疗制度和城镇居民基本医疗保险、公共医疗保障制度实现全覆盖，人均预期寿命从35.5岁提高到68.2岁。覆盖城乡的社会保障体系日益健全，城乡低保等多项惠民政策连续提标扩面。优秀传统文化繁荣发展，格萨尔、藏纸、藏戏等世界文化遗产璀璨夺目，公共文化设施网络基本形成，广播电视人口综合覆盖率分别达到97.1%、98.2%。

民族团结进步事业巩固发展，宗教信仰自由受到充分尊重。党的民族政策和宗教政策在西藏得到全面贯彻落实。民族团结进步教育和民族团结进步创建活动广泛开展，各族群众交得了知心朋友、做得了和睦邻居、结得了美满姻缘，民族团结家庭、民族团结大院比比皆是，40多个民族携手并肩守护神圣国土、建设幸福家园坚如磐石。群众的宗教信仰自由得到充分尊重，正常的宗教活动依法受到保护。

社会局势保持和谐稳定，各族群众安居乐业幸福祥和。深入揭批达赖集团的反动本质，"团结稳定是福、分裂动乱是祸"已成为各族群众的广泛共识，各族群众"我要稳定"的愿望越来越强。社会治理创新不断加强，平安西藏建设不断深化，群众安全感满意度达到99%以上。

生态环境持续良好，西藏仍是世界上环境质量最好的地区之一。坚持生态保护第一，尊重自然、顺应自然、保护自然，实行最严格的生态保护制度，全面建立河湖长制，生态环境保护制度体系初步建成。国土绿化行动深入开展，全区森林覆盖率提高到12.14%，各类自然保护区占全区国土面积的34.35%。7个地市环境空气质量平均优良率达95%以上。

60年栉风沐雨、60年春华秋实。相信西藏的明天会更美好。

# 社会主义核心价值观

---

核心价值观是文化软实力的灵魂、文化软实力建设的重点。

牢固的核心价值观，都有其固有的根本。

社会主义核心价值观是当代中国精神的集中体现，凝结着全体人民共同的价值追求。

在国际国内思想激荡、各种思潮迸发的新形势下，党和国家非常重视社会主义核心价值体系建设。2012 年党的十八大开启了中国社会主义现代化建设新征程，中国特色社会主义进入新时代。党的十八大也提出了积极培育和践行社会主义核心价值观问题。

在新的历史进程中，如何把握正确航向，怎样汇聚强大力量？

"推进国家治理体系和治理能力现代化，要大力培育和弘扬社会主义核心价值体系和核心价值观，加快构建充分反映中国特色、民族特性、时代特征的价值体系。"——习近平总书记的重要讲话，从战略高度阐明了核心价值体系对于国家治理现代化的重要性，为中华文化的传承与创新指明了前进方向。

2014 年 2 月 24 日下午，中共中央政治局就培育和弘扬社会主义核心价值观、弘扬中华传统美德进行第十三次集体学习。习近平总书记在主持学习时发表了重要讲话。他指出，核心价值观是文化软实力的灵魂、文化软实力建设的重点。这是决定文化性质和方向的最深层次要素。一个国家的文化软实力，从根本上说，取决于其核心价值观的生命力、凝聚力、感召力。培育和弘扬核心价值观，有效整合社会意识，是社会系统得以正常运转、社会秩序得以有效维护的重要途径，也是国家治理体系和治理能力的重要方面。历史和现实都表明，构建具有强大感召力的核心价值观，关系社会和谐稳定，关系国家长治久安。

习近平总书记强调，培育和弘扬社会主义核心价值观必须立足中华优秀传统文化。牢固的核心价值观，都有其固有的根本。抛弃传统、丢掉根本，就等于割断了自己的精神命脉。博大精深的中华优秀传统文化是我们在世界文化激荡中站稳脚跟的根基。中华文化源远流长，积淀着中华民族最深层的精神追求，代表着中华民族独特的精神标识，为中华民族生生不息、发展壮大提供了丰厚滋养。中华传统美德是中华文化精髓，蕴含着丰富的思想道德资源。不忘本来才能开辟未来，善于继承才能更好创新。对历史文化特别是先人传承下来的价值理念和道德规范，要坚持古为今用、推陈出新，有鉴别地加以对待，有扬弃地予以继承，努力用中华民族创造

江西弋阳方志敏纪念馆成为党员干部主题教育和精神补"钙"的重要基地

的一切精神财富来以文化人、以文育人。

习近平总书记强调，要切实把社会主义核心价值观贯穿于社会生活方方面面。要通过教育引导、舆论宣传、文化熏陶、实践养成、制度保障等，使社会主义核心价值观内化为人们的精神追求，外化为人们的自觉行动。榜样的力量是无穷的，广大党员、干部必须带头学习和弘扬社会主义核心价值观，用自己的模范行为和高尚人格感召群众、带动群众。要从娃娃抓起、从学校抓起，做到进教材、进课堂、进头脑。要润物细无声，运用各类文化形式，生动具体地表现社会主义核心价值观，用高质量高水平的作品形象地告诉人们什么是真善美，什么是假恶丑，什么是值得肯定和赞扬的，什么是必须反对和否定的。

习近平总书记强调，要发挥政策导向作用，使经济、政治、文化、社会等方方面面政策都有利于社会主义核心价值观的培育。要用法律来推动核心价值观建设。各种社会管理要承担起倡导社会主义核心价值观的责

浙江安吉南北湖村开展说家规议村规树新风活动

任，注重在日常管理中体现价值导向，使符合核心价值观的行为得到鼓励、违背核心价值观的行为受到制约。

2017 年党的十九大进一步提出："社会主义核心价值观是当代中国精神的集中体现，凝结着全体人民共同的价值追求。""发挥社会主义核心价值观对国民教育、精神文明创建、精神文化产品创作生产传播的引领作用，把社会主义核心价值观融入社会发展各方面，转化为人们的情感认同和行为习惯。"

在中国特色社会主义的伟大实践中，培育和践行社会主义核心价值观，必将越来越融入国民教育全过程，落实到经济发展实践和社会治理全过程，成为巩固全党全国各族人民团结奋斗的共同思想基础。

# 脱贫攻坚战

——

"没有农村的小康，特别是没有贫困地区的小康，就没有全面建成小康社会。"

"小康不小康、关键看老乡。"

"精准扶贫。"

"靶向治疗。"

"真扶贫、扶真贫、真脱贫。"

"不获全胜决不收兵。"

党的十八大以来，以习近平同志为核心的党中央把脱贫攻坚工作纳入"五位一体"总体布局和"四个全面"战略布局，作为实现第一个百年奋斗目标的重点任务，作出一系列重大部署和安排，全面打响脱贫攻坚战。

2012 年 12 月，习近平总书记在考察河北保定阜平县扶贫开发工作时指出："全面建成小康社会，最艰巨最繁重的任务在农村、特别是在贫困地区。没有农村的小康，特别是没有贫困地区的小康，就没有全面建成小康社会。"由于"大水漫灌式"的扶贫难以惠及所有贫困人口，2013 年 11 月，习近平总书记在考察湖南花垣县十八洞村时提出了"精准扶贫"的概念，强调扶贫要实事求是，因地制宜。2015 年 11 月，中共中央、国务院印发《关于打赢脱贫攻坚战的决定》。精准脱贫，也是党的十九大提出的全面建成小康社会必须坚决打好的三大攻坚战之一（另两大攻坚战分别是防范化解重大风险和污染防治）。

中国首档精准扶贫公益纪实节目《我们在行动》

2015年以来，习近平总书记先后六次针对扶贫问题召开座谈会。在这些座谈会上，总书记饱含深情地关注和全力解决扶贫过程中遇到的各种问题，提出许多温暖人心的政策措施。

"小康不小康、关键看老乡""把钱真正用到刀刃上""拔穷根""吃苦在前、享受在后"。

——2015年2月13日陕西延安陕甘宁革命老区脱贫致富座谈会。

"形势逼人，形势不等人""精准扶贫""靶向治疗"。

——2015年6月18日贵州贵阳集中连片特困地区扶贫攻坚座谈会。

"认清形势、聚焦精准、深化帮扶、确保实效""扶到点上、扶到根上""不搞层层加码""真扶贫、扶真贫、真脱贫"。

——2016年7月20日宁夏银川东西部扶贫协作座谈会。

"扶贫标准不能随意降低""不搞数字脱贫、虚假脱贫""防止形式主义"。

——2017 年 6 月 23 日山西太原深度贫困地区脱贫攻坚座谈会。

"消除绝对贫困""完善建档立卡""推进精准施策""坚持问题导向""扶贫作风"。

——2018 年 2 月 12 日四川成都打好精准脱贫攻坚战座谈会。

"既要看数量，更要看质量""摘帽不摘责任、摘帽不摘政策、摘帽不摘帮扶、摘帽不摘监管""注意干部培养使用"。

——2019 年 4 月 16 日重庆解决"两不愁三保障"突出问题座谈会。

五年六次召开座谈会，足以看出以习近平同志为核心的党中央对扶贫工作的高度重视。为了打赢扶贫攻坚这场硬仗，党和国家动员了空前规模的人力、物力和财力。这场举全党全国之力的战役已经取得决定性进展。全国农村贫困人口从 2012 年末的 9899 万人减少至 2018 年末的 1660 万人，贫困发生率从 10.2% 降至 1.7%。

2019 年 4 月 16 日，习近平总书记在解决"两不愁三保障"突出问题座谈会上的讲话中指出："脱贫攻坚战进入决胜的关键阶段，务必一鼓作气、顽强作战，不获全胜决不收兵。"

脱贫攻坚吹响了大决战的号角！

# "绿水青山就是金山银山"

——

"绿水青山就是金山银山!"

"生态兴则文明兴，生态衰则文明衰。"

把蓝天保卫战作为污染防治攻坚战的重中之重。

通过推动绿色发展"一微克一微克地降 PM2.5"。


"绿水青山就是金山银山!" 2005 年 8 月 15 日，时任中共浙江省委书记习近平同志在浙江省湖州市安吉县首次提出了这一关系文明兴衰、人民福祉的发展理念。

习近平同志对生态环境工作历来看得很重。在河北正定，福建厦门、宁德和福建、浙江、上海等地工作期间，都把这项工作作为一项重大工作来抓。党的十八大以来，习近平总书记分别就严重破坏生态环境事件以及长江经济带"共抓大保护、不搞大开发"作出指示批示，要求严肃查处，扭住不放，一抓到底，不彻底解决绝不松手，确保绿水青山常在、各类自然生态系统安全稳定。

党的十八大以来，党中央把生态文明建设作为统筹推进"五位一体"总体布局和协调推进"四个全面"战略布局的重要内容，开展一系列根本性、开创性、长远性工作，提出一系列新理念新思想新战略，生态文明理念日益深入人心，污染治理力度之大、制度出台频度之密、监管执法尺度之严、环境质量改善速度之快前所未有，推动生态环境保护发生历史性、

云南临沧市凤庆县安石村退耕还林后的核桃产业基地

转折性、全局性变化。

2018年5月18日至19日，全国生态环境保护大会在北京召开，这是我国生态文明建设史上一次十分重要的会议，习近平总书记在大会上发表重要讲话，深入分析我国生态文明建设面临的形势任务，深刻阐述加强生态文明建设的重大意义、重要原则，对全面加强党对生态文明建设的领导，坚决打好污染防治攻坚战作出了全面部署。这篇重要讲话，全面系统概括了习近平生态文明思想，具有重大的政治意义、理论意义和实践意义。

关于生态文明建设的重要意义，习近平总书记指出：

"生态文明建设是关系中华民族永续发展的根本大计。""中华民族向来尊重自然、热爱自然，绵延5000多年的中华文明孕育着丰富的生态文化。""这些观念都强调要把天地人统一起来、把自然生态同人类文明联系起来，按照大自然规律活动，取之有时，用之有度，表达了我们的先人对处理人与自然关系的重要认识。"

"生态兴则文明兴，生态衰则文明衰。生态环境是人类生存和发展的根基，生态环境变化直接影响文明兴衰演替。"

"以史为鉴，可以知兴替。我之所以反复强调要高度重视和正确处理生态文明建设问题，就是因为我国环境容量有限，生态系统脆弱，污染重、损失大、风险高的生态环境状况还没有根本扭转，并且独特的地理环境加剧了地区间的不平衡。'胡焕庸线'东南方43%的国土，居住着全国94%左右的人口，以平原、水网、低山丘陵和喀斯特地貌为主，生态环境压力巨大；该线西北方57%的国土，供养大约全国6%的人口，以草原、戈壁沙漠、绿洲和雪域高原为主，生态系统非常脆弱。说基本国情，这就是其中很重要的内容。"

党的十八大以来，经过全党同志和社会各方的共同努力，我国生态文明建设取得历史性成就。包括：

一是通过全面深化改革，加快推进生态文明顶层设计和制度体系建设，相继出台《关于加快推进生态文明建设的意见》《生态文明体制改革总体方案》，制定了40多项涉及生态文明建设的改革方案，从总体目标、基本理念、主要原则、重点任务、制度保障等方面对生态文明建设进行全面系统部署安排。全国人大常委会、最高人民法院、最高人民检察院对环境污染和生态破坏界定入罪标准，加大惩治力度，形成高压态势。

二是大力推动绿色发展，取得明显成效。国土空间布局得到优化，京津冀、长江经济带省区市和宁夏等15个省区市的生态保护红线已经划定。供给侧结构性改革深入推进，产业结构不断优化，一大批高污染企业有序退出，京津冀及周边地区"散乱污"企业整治力度空前。能源消费结构发生积极变化，我国成为世界利用新能源和可再生能源第一大国。全面

绿水青山就是金山银山

节约资源有效推进，资源消耗强度大幅下降。

三是深入实施大气、水、土壤污染防治三大行动计划，我国是世界上第一个大规模开展 PM2.5 治理的发展中大国，形成全世界最大的污水处理能力。作为发展中大国、全球第二大经济体，中国近年来强力推进蓝天保卫战的举措和成果，举世瞩目。中国在大气污染防治方面重视程度之高、工作力度之大、环境质量改善速度之快，在世界上也是罕见的。自 2013 年以来，中国相继实施《大气污染防治行动计划》和《打赢蓝天保卫战三年行动计划》，把蓝天保卫战作为污染防治攻坚战的重中之重。越来越多的地方党委政府负责人扛起生态文明建设的政治责任，通过推动绿色发展"一微克一微克地降 PM2.5"。越来越多的企业经营者看清了"企业不能消灭污染，污染就可能毁掉企业"，加大治污设备和运行的投入。越来越多的公众认识到"同呼吸"就得"共奋斗",从绿色出行、随手关灯等点滴小事做起,呵护清新空气。经过持续努力,天空湛蓝、繁星闪烁的动人景象日益增加。2018年,全国首批实施新空气质量标准的74个城市,PM2.5年均浓度比2013年下降41.7%;北京市PM2.5浓度从2013年的89.5微克/立方米,降到2018年的51微克/立方米;珠三角PM2.5浓度连续4年达标,浙江省也迈入总体达标行列;重污染天气的发生频次、影响范围、污染程度都大幅减少。同时,地表水国控断面Ⅰ—Ⅲ类水体比例增加到67.9%,劣Ⅴ类水体比例下降到8.3%。森林覆盖率由本世纪初的16.6%提高到22%左右。

四是我国率先发布《中国落实2030年可持续发展议程国别方案》,实施《国家应对气候变化规划(2014—2020年)》,向联合国交存《巴黎协定》批准文书。我国消耗臭氧层物质的淘汰量占发展中国家总量的50%以上,成为对全球臭氧层保护贡献最大的国家。2017年,同联合国环境署等国际机构一道发起,建立"一带一路"绿色发展国际联盟。

总之,经过不懈努力,我国生态环境质量持续改善。同时,必须清醒看到,我国生态文明建设挑战重重、压力巨大、矛盾突出,推进生态文明建设还有不少难关要过,还有不少硬骨头要啃,还有不少顽瘴痼疾要治,形势仍然十分严峻。

习近平总书记语重心长地强调:

> 到2020年全面建成小康社会,是我们党向人民作出的庄严承诺。不能一边宣布全面建成小康社会,一边生态环境质量仍然很差,这样人民不会认可,也经不起历史检验。不管有多么艰难,都不可犹豫、不能退缩,要以壮士断腕的决心、背水一战的勇气、攻城拔寨的拼劲,坚决打好污染防治攻坚战。各级党委和政府要自觉把经济社会发

展同生态文明建设统筹起来，坚持党委领导、政府主导、企业主体、公众参与，坚决摒弃"先污染、后治理"老路，坚决摒弃损害甚至破坏生态环境的增长模式。要充分发挥党的领导和我国社会主义制度能够集中力量办大事的政治优势，充分利用改革开放 40 年来积累的坚实物质基础，加大力度推进生态文明建设、解决生态环境问题。

我们相信，正如习近平总书记指出的，"中国生态文明建设进入了快车道，天更蓝、山更绿、水更清将不断展现在世人面前。"

# 中国特色强军之路

——

军委管总、战区主战、军种主建。

军队是要准备打仗的，一切工作都必须坚持战斗力标准，向能打仗、打胜仗聚焦。

坚持富国和强军相统一。

　　党的十八大以来，习近平总书记在新时代坚持和发展中国特色社会主义历史进程中，着眼实现中华民族伟大复兴的中国梦，围绕新时代建设一支什么样的强大人民军队、怎样建设强大人民军队，深入进行理论探索和实践创造，鲜明提出政治建军、改革强军、科技兴军、依法治军，形成了习近平强军思想。

　　政治建军是立军之本。2014 年 10 月 30 日至 11 月 2 日，全军政治工作会议在福建古田举行。10 月 31 日，习近平同志在讲话中阐明新的历史条件下党从思想上政治上建设军队的重大问题，强调军队政治工作的时代主题是紧紧围绕实现中华民族伟大复兴的中国梦，为实现党在新形势下的强军目标提供坚强政治保证；当前最紧要的是把理想信念、党性原则、战斗力标准、政治工作威信四个带根本性的东西在全军牢固立起来。12 月 30 日，中共中央转发《关于新形势下军队政治工作若干问题的决定》。

　　2015 年 11 月 23 日，中央军委印发《领导指挥体制改革实施方案》。11 月 24 日，习近平同志在中央军委改革工作会议上讲话指出，要全面实施改革强军战略，坚定不移走中国特色强军之路，建设同我国国际地位相称、同国家安全和发展利益相适应的巩固国防和强大军队。11月28日，中央军委印发《关于深化国防和军队改革的意见》，指出：牢牢把握军委管总、战区主战、军种主建的原则，以领导管理体制、联合作战指挥体制改革为重点，协调推进规模结构、政策制度和军民融合深度发展改革。2016年2月29日，全军按新的领导指挥体制运行。

古田会议旧址

2017年11月，习近平总书记在党的十九大报告中提出全面推进国防和军队现代化建设目标：

适应世界新军事革命发展趋势和国家安全需求，提高建设质量和效益，确保到二〇二〇年基本实现机械化，信息化建设取得重大进展，战略能力有大的提升。同国家现代化进程相一致，全面推进军事理论现代化、军队组织形态现代化、军事人员现代化、武器装备现代化，力争到二〇三五年基本实现国防和军队现代化，到本世纪中叶把人民军队全面建成世界一流军队。

加强军队党的建设，开展"传承红色基因、担当强军重任"主题教育，推进军人荣誉体系建设，培养有灵魂、有本事、有血性、有品德的新时代革命军人，永葆人民军队性质、宗旨、本色。继续深化国防和军队改革，深化军官职业化制度、文职人员制度等重大政策制度

○—∘ 某部进行改革强军主题教育

改革，推进军事管理革命，完善和发展中国特色社会主义军事制度。树立科技是核心战斗力的思想，推进重大技术创新、自主创新，加强军事人才培养体系建设，建设创新型人民军队。全面从严治军，推动治军方式根本性转变，提高国防和军队建设法治化水平。

军队是要准备打仗的，一切工作都必须坚持战斗力标准，向能打仗、打胜仗聚焦。扎实做好各战略方向军事斗争准备，统筹推进传统安全领域和新型安全领域军事斗争准备，发展新型作战力量和保障力量，开展实战化军事训练，加强军事力量运用，加快军事智能化发展，提高基于网络信息体系的联合作战能力、全域作战能力，有效塑造态势、管控危机、遏制战争、打赢战争。

坚持富国和强军相统一，强化统一领导、顶层设计、改革创新和重大项目落实，深化国防科技工业改革，形成军民融合深度发展格局，构建一体化的国家战略体系和能力。完善国防动员体系，建设强大稳固的现代边海空防。组建退役军人管理保障机构，维护军人军属

◯〜〇  2015 年 9 月 3 日，纪念抗日战争胜利 70 周年大阅兵中的三军仪仗队女兵。

合法权益，让军人成为全社会尊崇的职业。深化武警部队改革，建设现代化武装警察部队。

总之，建设一支听党指挥、能打胜仗、作风优良的人民军队，是党在新时代的强军目标。在习近平强军思想指引下，人民军队力争到 2035 年基本实现国防和军队现代化，到本世纪中叶全面建成世界一流军队。

# 两岸领导人首次会面

——

两岸领导人见面，翻开了两岸关系历史性的一页。

大陆与台湾同属一个中国，两岸关系不是国与国关系，也不是"一中一台"。

对两岸关系和平发展的最大现实威胁是"台独"势力及其分裂活动。

两岸同胞是打断骨头连着筋的同胞兄弟，是血浓于水的一家人。

2008 年 3 月，在台湾地区举行的选举中，国民党重新执政。7 月 4 日，两岸正式开通周末包机直航。2009 年 8 月 31 日，两岸定期航班正式开通，两岸民众企盼 30 年之久的全面直接双向"三通"终于实现。

2015 年 11 月 7 日下午，中共中央总书记、国家主席习近平同台湾地区领导人马英九在新加坡会面，就进一步推进两岸关系和平发展交换意见。这是新中国成立 66 年来两岸领导人的首次会面，翻开了两岸关系历史性的一页。

习近平总书记指出，今天是一个很特别的日子。曾几何时，台海阴云密布，两岸军事对峙，同胞隔海相望，亲人音讯断绝，给无数家庭留下了刻骨铭心的伤痛，甚至是无法弥补的遗憾。然而，海峡隔不断兄弟亲情，挡不住同胞对家乡故土的思念和对家人团聚的渴望。同胞亲情的力量，终于在 20 世纪 80 年代冲开了两岸封锁的大门。2008 年以来，两岸关系走上和平发展道路。过去 7 年，台海局势安定祥和，两岸关系发展成果丰硕。两岸双方和广大同胞为此付出了大量心血。正因为有了这7年的积累，两岸双方才能迈出今天这历史性的一步。

习近平总书记指出，两岸关系66年的发展历程表明，不管两岸同胞经历过多少风雨、有过多长时间的隔绝，没有任何力量能把我们分开。当前，两岸关系发展面临方向和道路的抉择。两岸双方应该从两岸关系发展历程中得到启迪，以对民族负责、对历史负责的担当，作出经得起历史检验的正确选择。

习近平总书记强调，我们今天坐在一起，是为了让历史悲剧不再重演，让两岸关系和平发展成果不得而复失，让两岸同胞继续开创和平安宁的生活，让我们的子孙后代共享美好的未来。面对新形势，站在两岸关系发展的新起点上，两岸双方应该胸怀民族整体利益、紧跟时代前进步伐，携手巩固两岸关系和平发展大格局，共同实现中华民族伟大复兴。习近平就此提出4点意见。

第一，坚持两岸共同政治基础不动摇。7年来两岸关系能够实现和平发展，关键在于双方确立了坚持"九二共识"、反对"台独"的共同政治基础。没有这个定海神针，和平发展之舟就会遭遇惊涛骇浪，甚至彻底倾覆。

虽然两岸迄今尚未统一，但中国的主权和领土完整从未分裂。两岸同属一个国家、两岸同胞同属一个民族，这一历史事实和法理基础从未改变，也不可能改变。

希望台湾各党派、各团体能正视

海峡隔不断骨肉亲情。图为一对失散母子重逢时的情景。

"九二共识"。无论哪个党派、团体，无论其过去主张过什么，只要承认
"九二共识"的历史事实，认同其核心意涵，我们都愿意同其交往。对任
何分裂国家的行为，两岸同胞绝不会答应。在维护国家主权和领土完整这
一原则问题上，我们的意志坚如磐石，态度始终如一。

第二，坚持巩固深化两岸关系和平发展。近 30 多年来，两岸关系总
体面貌发生了历史性变化。2008 年后，两岸关系走上和平发展道路，处
于 1949 年以来最好的时期。要和平不要冲突、要交流不要隔绝、要协商
合作不要零和对抗，成为两岸同胞的共同心声。两岸关系已经不再处于以
前那种激烈冲突、尖锐对抗的敌对状态。

我们了解台湾同胞对参与国际活动问题的想法和感受，重视并推动解
决了许多与之相关的问题。只要不造成"两个中国""一中一台"，两岸双
方可以通过务实协商作出合情合理的安排。

当前，对两岸关系和平发展的最大现实威胁是"台独"势力及其分裂
活动。"台独"煽动两岸同胞敌意和对立，损害国家主权和领土完整，破
坏台海和平稳定，阻挠两岸关系发展，只会给两岸同胞带来深重祸害。对
此，两岸同胞要团结一致、坚决反对。

第三，坚持为两岸同胞多谋福祉。两岸一家亲，家和万事兴。我们推
动两岸关系和平发展，着眼点和落脚点是要增进同胞的亲情和福祉，让两
岸同胞过上更加美好的生活。只要是有利于增进两岸同胞的亲情和福祉的
事，只要是有利于推动两岸关系和平发展的事，只要是有利于维护中华民
族整体利益的事，两岸双方都应该尽最大努力去做，并把好事办好。

第四，坚持同心实现中华民族伟大复兴。中华民族有延绵 5000 多年
的灿烂文明，但近代以来却屡遭列强欺凌。120 年前，台湾惨遭外族侵占，
成为全民族的剜心之痛。1945 年抗战胜利，台湾光复，才洗刷了半个世
纪的民族耻辱。透过历史风云变幻，可以深切体会到，两岸是不可分割的

命运共同体。民族强盛，是两岸同胞之福；民族弱乱，是两岸同胞之祸。实现中华民族伟大复兴，与两岸同胞前途命运息息相关。

当前，我们比以往任何时候都更加接近、更有能力实现这个伟大梦想。我们在几十年的时间内走完了世界上很多国家几百年的发展历程。我相信，实现中华民族伟大复兴，台湾同胞定然不会缺席。

马英九表示，2008 年以来，两岸共同创造和平稳定的台海局势，获得两岸及国际社会普遍赞扬，要善加珍惜。"九二共识"是实现两岸关系和平发展的共同政治基础，两岸要巩固"九二共识"，扩大深化交流合作，增进互利双赢，拉近两岸心理距离，对外展现两岸关系可以由海峡两岸和平处理，同心协力，为两岸下一代创造更美好的未来。

双方肯定 2008 年以来两岸关系和平发展取得的重要成果。双方认为应该继续坚持"九二共识"，巩固共同政治基础，推动两岸关系和平发展，维护台海和平稳定，加强沟通对话，扩大两岸交流，深化彼此合作，实现互利共赢，造福两岸民众，两岸同胞同属中华民族，都是炎黄子孙，应该携手合作，致力于振兴中华，致力于民族复兴。

正如习近平总书记多次强调的，两岸同胞是打断骨头连着筋的同胞兄弟，是血浓于水的一家人。我们应该以行动向世人表明：两岸中国人完全有能力、有智慧解决好自己的问题，并共同为世界与地区和平稳定、发展繁荣作出更大贡献。

# "一带一路"

———

习近平主席总览世界大势，提出共建"一带一路"这一重大国际合作倡议。"一带一路"精神被写入联合国、中非合作论坛、上海合作组织、亚欧会议等重要国际机制成果文件。

2019 年 4 月 25 日至 27 日，第二届"一带一路"国际合作高峰论坛在北京成功举办。这是新中国成立 70 周年之际我国举办的最重要的外交盛会。习近平主席出席开幕式并发表重要主旨演讲，全程主持领导人圆桌峰会、举行系列外事活动并面向中外媒体介绍峰会成果。40 位国家元首、政府首脑等领导人和国际组织负责人齐聚一堂，150 个国家、92 个国际组织的 6000 余名外宾共襄盛举。论坛期间召开了高级别会议，举办了 12 场分论坛和企业家大会。高峰论坛成功举行，开启高质量共建"一带一路"新征程，奏响中国开放发展新乐章，发出维护多边主义的时代强音，树立了中国与世界携手构建人类命运共同体的又一座里程碑。

2013 年，习近平主席总览世界大势，着眼构建我国全方位对外开放新格局，推动构建人类命运共同体，提出了共建"一带一路"这一重大国际合作倡议。倡议旨在聚焦互联互通，深化务实合作，携手应对人类面临的各种挑战，实现互利共赢、共同发展。第二届高峰论坛的召开成为盘点共建"一带一路"进展的重要契机。

国务委员、外交部部长王毅在 2019 年《求是》第 9 期发表《开启

⌇ 2014 年 11 月 18 日，义新欧（义乌—马德里）班列正式运行。

"一带一路"高质量发展新征程》一文，凝练地总结了"一带一路"提出6年来的实践成果：

　　6年来，中国同"一带一路"国家贸易总额超过6万亿美元，对"一带一路"国家直接投资超过900亿美元，"六廊六路多国多港"的互联互通架构基本形成，一大批合作项目落地生根，首届高峰论坛各项成果顺利落实。"一带一路"国际合作的成功实践，为国际贸易和投资搭建了新平台，为世界经济增长开辟了新空间。

　　6年来，"一带一路"秉承和平合作、开放包容、互学互鉴、互利共赢的丝路精神，倡导共商共建共享的全球治理观，以实际行动迈出建设开放型世界经济的坚定步伐，为构建更加公正合理的全球治理体系勾画了新愿景。联合国秘书长古特雷斯指出，"一带一路"倡议使全球化更加健康。

　　6年来，中国同"一带一路"国家共建82个境外合作园区，上缴东道国税费 20 多亿美元，带动当地就业近 30 万人，为各国民众带来了更便利生活条件、更良好营商环境、更多样发展机遇。得益于共建"一带一路"，有的国家建起第一条高速公路、第一条现代化铁路，有的国家第一次发展起自己的汽车制造业，有的国家解决了困扰多年的电力紧缺问题。共建"一带一路"成果有力改善了各国民众的衣食住行，也为推动联合国 2030 年可持续发展议程作出了重要贡献。世界银行认为，"一带一路"建设使全球减贫"提速"。

在各方支持下，"一带一路"精神被写入联合国、中非合作论坛、上海合作组织、亚欧会议等重要国际机制成果文件，中巴经济走廊、中老铁路、中泰铁路、匈塞铁路、雅万高铁等一大批标志性项目稳步推进，多个发达国家主动与我开展三方合作，"一带一路"国际商事争端解决机制启动建立。

6 年来的成功实践充分证明，共建"一带一路"倡议虽源于中国，但机会和成果属于世界，已经成为最受欢迎的国际公共产品和最大规模的国际合作平台，是中国大国外交谋篇布局的"大写意"。共建"一带一路"的成果越来越多，人气越聚越旺，道路越走越宽，展现出更加广阔的发展前景。

# "天网行动"

——

"百名红通人员"莫佩芬选择回国投案并积极退赃，表示"不希望在国外了此残生"。

"不得罪成百上千的腐败分子，就要得罪 13 亿人民。"

把外逃人员名单公之于众后，使外逃人员一夜之间成"过街老鼠"。

2019 年 9 月 11 日，在中央反腐败协调小组国际追逃追赃工作办公室统筹协调下，经广东省追逃办和汕头市监委不懈努力，"百名红通人员"、职务犯罪嫌疑人黄平回国投案自首并积极退赃。这是党的十九大以来第 12 名归案的"百名红通人员"，也是开展"天网行动"以来第 60 名归案的"百名红通人员"。

2019 年 5 月 29 日深夜，经过近 20 个小时的跨洋飞行，云南锡业集团有限责任公司原董事长、云南省人大财政经济委员会原副主任委员肖建明走下昆明长水国际机场的舷梯，成为第 58 名归案的"百名红通人员"；而在此前一天，"百名红通人员"、浙江省外逃犯罪嫌疑人莫佩芬选择回国投案并积极退赃，表示"不希望在国外了此残生"。

两天内两名"百名红通人员"归案，是近年来反腐败国际追逃追赃工作取得重大突破的一个缩影。一段时间，外逃贪腐分子"贪了就跑、跑了就了"的现象令广大群众切齿痛恨；而党的十八大以来短短几年，外逃分子们缘何纷纷主动归国投案？

巨大的转变，源自以习近平同志为核心的党中央以"抓铁有痕"的决

2014 年 4 月，上海松江方塔园廉政教育基地"清风"志愿者服务队成立。

心根治腐败。十八届中共中央共批准立案审查省军级以上党员干部及其他中管干部 440 人，严肃查处了周永康、薄熙来、郭伯雄、徐才厚、孙政才、令计划等严重违纪违法案件。从党的十九大闭幕到 2018 年底，先后有 77 名中管干部被立案审查。习近平总书记的话语斩钉截铁："不得罪成百上千的腐败分子，就要得罪 13 亿人民。这是一笔再明白不过的政治账，人心向背的账。"在"打虎""拍蝇""猎狐"的同时，中央用巡视派驻、机制创新、法规建设，构筑起一道道制度的"防火墙"；用科学理论、优秀文化、良好家风，建立起一座座理想信念的精神家园；用群众路线教育实践活动、"三严三实"专题教育、"两学一做"学习教育、"不忘初心、牢记使命"主题教育，营造出风清气正的政治生态。

"不管腐败分子逃到哪里，都要缉拿归案、绳之以法。"习近平总书记高度重视反腐败国际追逃追赃工作，在多个场合就此发表重要讲话。特别是经党中央批准，中央反腐败协调小组于 2014 年 6 月 27 日建立追逃追赃工作协调机制，设立国际追逃追赃工作办公室（以下简称"中央追逃办"）。2019 年 6 月 27 日《人民日报》发表姜洁、江琳、张丹峰《布下反腐败追逃追赃天罗地网——中央追逃办成立五周年工作回眸》一文，对中央追逃办成立 5 年来反腐败国际追逃追赃工作取得的成绩进行了回顾总结。

2014 年至 2019 年 5 月，全国共追回外逃人员 5974 人，其中党员和国家工作人员 1425 人。通过追逃追赃布下天罗地网，切断腐败分子后路，有效遏制住了外逃多发势头，为反腐败斗争取得压倒性胜利提供了有力支撑。

正是在党中央集中统一领导下，反腐败追逃追赃工作发挥出了前所未有的制度优势。"追逃追赃工作涉及国内、国际两个战场，司法、执法、反洗钱等多个部门，但过去追逃追赃往往是单打独斗、分兵作战，综合效应发挥不出来。"中央追逃办成立后，把以前发散的职能、力量集中起来：在中央层面，中央纪委国家监委、中组部、最高法、最高检、公安部、人民银行分别牵头开展追逃追赃专项行动，中央政法委加强法规制度建设的督促协调，外交部积极推动与有关国家缔结司法协助类条约，司法部推动国际刑事司法协助立法和个案合作；在地方层面，各省区市反腐败协调小组逐案分解任务，明确职责，统筹法院、检察、公安、反洗钱、侨务等各方面力量集中突破。

集中统一、高效顺畅的协调机制，整合了国内外资源力量，改变了过去"九龙治水"，责任不清、协调不力的局面，一系列重点案件捷报频传：

2014 年 12 月 22 日，涉嫌严重违纪违法潜逃美国两年半的辽宁省凤城市原市委书记王国强回国投案自首，这是中央追逃办成立后，第一个从美国主动投案的职务犯罪嫌疑人，也是十余年来从美国归案的首名外逃腐败分子；

2015年5月9日，伙同他人侵吞9400万元公款、潜逃新加坡4年之久的"百名红通人员"二号嫌犯李华波被遣返回国；

2016年11月12日，潜逃海外15年之久的"百名红通人员"闫永明退还巨额赃款，缴纳巨额罚金并回国投案自首，实现"人赃俱获、罪罚兼备"的目标；

2016年11月16日，"百名红通人员"头号嫌犯、浙江省建设厅原副厅长杨秀珠归国投案；

2017年10月12日，原胜利油田青岛石油实业有限公司总经理兼临沂中孚天然气开发利用有限公司总经理孔广生投案自首；

2018年7月11日，外逃17年的中国银行开平支行案主犯许超凡被从美国强制遣返回中国；

……

党的十八大以来，中国通过劝返、遣返、异地追诉、联合办案等多种方式开展追逃追赃工作，开辟了反腐败斗争新战场，初步形成"不敢逃""不能逃"的机制和氛围；把外逃人员名单公之于众后，使外逃人员一夜之间成"过街老鼠"，人人喊打，有效增强了人民群众在反腐败斗争中的参与感、获得感；主导通过亚太经合组织《北京反腐败宣言》《二十国集团反腐败追逃追赃高级原则和2017—2018年反腐败行动计划》，提出亚太经合组织《腐败资产追缴国际合作十条倡议》，发起《廉洁丝绸之路北京倡议》，增强国际话语权，对外逃人员持续形成舆论声势，为全球反腐败治理贡献中国智慧和中国方案。

# 打铁必须自身硬

---

办好中国的事情，关键在党。

中国共产党是世界上最大的政党，大就要有大的样子。

中国共产党党员总数突破 9000 万名，比 1949 年新中国成立时的 448.8 万名增长约 19 倍。

习近平总书记指出，"办好中国的事情，关键在党。""中国共产党的领导，是中国革命、建设、改革不断取得胜利最根本的保证，是中国特色社会主义最本质的特征，也是中国特色社会主义的最大优势，必须毫不动摇坚持和完善。"

新中国成立以来，在中国共产党领导下，全国各族人民团结一心，艰苦奋斗，完成社会主义革命，推进社会主义建设，加速发展改革开放和社会主义现代化建设事业，人民生活得到根本改善，中国社会主义制度极大巩固和发展，迎来了中华民族伟大复兴的光明前景。

中国共产党在带领人民进行伟大的社会革命的同时，也不断进行伟大的自我革命。现在，世人在惊叹中国理论创新、实践创新、制度创新步伐之快，惊叹中国社会面貌变化之大的同时，也看到了这些发展变化背后是中国共产党永不自满、永不懈怠的品格，是中国共产党不断自我净化、自我完善、自我革命、自我提高的精神。在应对国内外各种风险和考验的历史进程中，中国共产党始终成为全国人民的主心骨，在坚持和发展中国特色社会主义的历史进程中始终成为坚强领导核心。

2019年七一前夕，中央组织部公布了中国共产党这一世界上最大的政党的最新统计数据。截至2018年底，具体统计分析如下：

中国共产党党员总数为9059.4万名，突破9000万名，比1949年新中国成立时的448.8万名增长约19倍。党员队伍结构不断优化，新鲜血液不断充实。现有党员中，99.8%是新中国成立后入党的，其中1978年党的十一届三中全会后入党的7423.0万名、占81.9%，"80后、90后"党员已超过总数的1/3。文化程度明显提高。大专及以上学历党员已达4493.7万名，占49.6%。女党员、少数民族党员比重不断提升。与新中国成立初相比，全国女党员增加约45倍、达2466.5万名，占比由11.9%提高到27.2%；少数民族党员增加约32倍、达664.5万名，占比由2.5%提高到7.3%，全国55个少数民族都有一定数量的党员，5个民族自治区的党员中少数民族比例达35.6%。党的阶级基础和群众基础不断巩固扩大。工人和农民仍是党员队伍主体，占总数的35.3%，数量是新中国成立时的12倍。党员队伍中，经营管理人员980.0万名、占10.8%，专业技术人员1400.7万名、占15.5%。2018年发展的205.5万名党员中，来自生产、工作第一线的占52.6%。

全国党的基层组织从1949年的19.5万个，增加到2018年的461.0万个，增长近23倍，全面覆盖各个领域。54.3万名村党组织书记中，大专及以上学历的占20.7%，45岁及以下的占29.2%，致富带头人占51.2%；10.1万名社区党组织书记中，大专及以上学历的占63.7%，45岁及以下的占45.9%。基层基础保障力度加大。68.3%的村、89.8%的社区党建活动场所面积达到200平方米以上，90.7%的县、93.1％的社区落实了服务群众专项经费。

数字是令人振奋的，也是催人奋进的。习近平总书记指出，中国共产党是世界上最大的政党，大就要有大的样子。"中国特色社会主义进入新时代，我们党一定要有新气象新作为。打铁必须自身硬。党要团结带领人民进行伟大斗争、推进伟大事业、实现伟大梦想，必须毫不动摇坚持和完善党的领导，毫不动摇把党建设得更加坚强有力。"

中国共产党成立近 100 年来，中华人民共和国成立 70 年来，中国共产党初心不改、矢志不渝，团结带领人民历经千难万险，付出巨大牺牲，敢于面对曲折，勇于修正错误，攻克了一个又一个看似不可攻克的难关，创造了一个又一个彪炳史册的人间奇迹。今天，我们比历史上任何时期都更接近、更有信心和能力实现中华民族伟大复兴的目标。

早在中华人民共和国成立前夕的 1949 年 3 月，党的七届二中全会在河北西柏坡召开。全会清醒准确地判断革命即将取得胜利的形势，着重讨论了党的工作重心的战略转移即由乡村转移到城市的问题，规划了新中国的美好蓝图。与党的七届二中全会一起载入史册、成为党最可宝贵精神财富的，还有毛泽东提出的"两个务必"。他在全会的报告中深刻

西柏坡纪念馆"两个务必"展牌

◯◠◦ 2015 年 9 月 3 日，纪念抗日战争胜利 70 周年大阅兵。

指出："夺取全国胜利，这只是万里长征走完了第一步。如果这一步也值得骄傲，那是比较渺小的，更值得骄傲的还在后头。在过了几十年之后来看中国人民民主革命的胜利，就会使人们感觉那好像只是一出长剧的一个短小的序幕。剧是必须从序幕开始的，但序幕还不是高潮。"为此，毛泽东提出："务必使同志们继续地保持谦虚、谨慎、不骄、不躁的作风，务必使同志们继续地保持艰苦奋斗的作风。"

时隔 70 年，再次学习毛泽东的报告，阅读这富含哲理的文字，中国共产党的理想之崇高、精神之伟大、气势之磅礴、作风之优良仍跃然纸上，令人怦然心动、心潮澎湃。这的确是一个成熟的党、一个胜利在望的党、一个任何力量都战胜不了的党！

历史是不断向前的，要达到理想的彼岸，就要沿着我们确定的道路不断前进。正如习近平总书记指出，"每一代人有每一代人的长征路，每一代人都要走好自己的长征路。"

70 年砥砺奋进，70 年成就辉煌。在新时代新的长征路上，全党同志要不忘初心，牢记使命，不负人民重托，无愧历史选择，越是胜利在望，越要谦虚、谨慎、不骄、不躁；越是国家繁荣富强，越要努力学习、艰苦奋斗，敢于斗争、善于斗争，不松劲、不停歇，更加紧密地团结在以习近平同志为核心的党中央周围，带领全国各族人民在新时代创造中华民族的新辉煌。

# 主要参考书目

———

中共中央党史研究室著：《中国共产党的九十年》，中共党史出版社、党建读物出版社 2016 年版。

中共中央党史研究室著：《中国共产党的七十年》，中共党史出版社 1991 年版。

中共中央党史研究室著：《中国共产党历史》第二卷（1949—1978）（上、下册），中共党史出版社 2011 年版。

中共中央党史研究室著：《中国共产党简史》，中共党史出版社 2001 年版。

中共中央党史研究室第三研究部著：《中国改革开放 30 年》，辽宁人民出版社 2008 年出版。

中共中央文献研究室编：《毛泽东年谱（1949—1976）》（第 1—6 卷），中央文献出版社 2013 年版。

中共中央文献研究室编：《周恩来年谱（1949—1976）》（上、中、下），中央文献出版社 1997 年版。

中共中央文献研究室编：《刘少奇年谱（1898—1969）》（上、中、下），中央文献出版社 1996 年版。

中共中央文献研究室编：《朱德年谱（1886—1976）》（上、中、下），中央文献出版社 2006 年版。

中共中央文献研究室编:《邓小平年谱（1904—1974）》(上、中、下),中央文献出版社 2009 年版。

中共中央文献研究室编:《邓小平思想年谱》( 1975 — 1997 ),中央文献出版社 1998 年版。

中共中央文献研究室编:《陈云年谱》(修订本)(上、中、下),中央文献出版社 2015 年版。

中国人民解放军军事科学院编:《叶剑英年谱（1897—1986）》(上、下),中央文献出版社 2007 年版。

中共中央文献研究室编:《毛泽东传》(上、下),中央文献出版社 2003 年版。

中共中央文献研究室编:《周恩来传》(上、下),中央文献出版社 2008 年版。

中共中央文献研究室编:《刘少奇传》(上、下),中央文献出版社 1998 年版。

中共中央文献研究室编:《朱德传》(修订本),中央文献出版社 2006 年版。

中共中央文献研究室编:《邓小平传（1904—1974）》(上、下),中央文献出版社 2014 年版。

中共中央文献研究室编:《陈云传》(上、下),中央文献出版社 2005 年版。

林强、鲁冰主编:《叶飞传》(上、下),中央文献出版社 2007 年版。

《邓小平文选》第二卷,人民出版社 1994 年版。

《邓小平文选》第三卷,人民出版社 1993 年版。

《毛泽东外交文选》,中央文献出版社、世界知识出版社 1994 年版。

《毛泽东军事文选》(内部本),中国人民解放军战士出版社 1981 年版。

中共中央文献研究室、中国人民解放军军事科学院编：《建国以来毛泽东军事文稿》（上、中、下），军事科学出版社、中央文献出版社2010年版。

中国人民解放军国防大学党史党建政工教研室编：《中共党史教学参考资料》（第19—24册），1986年内部出版。

中国人民解放军政治学院训练部编：《中共党史教学参考资料》（"文化大革命"时期），1983年内部出版。

中共中央文献研究室编：《三中全会以来重要文献选编》（上、下），人民出版社1982年版。

中共中央文献研究室编：《三中全会以来重要文献汇编》（上、下），人民出版社1982年版。

中共中央文献研究室编：《十二大以来重要文献选编》（上、中），人民出版社1986年版。

中共中央文献研究室编：《十二大以来重要文献选编》（下），人民出版社1988年版。

中共中央文献研究室编：《改革开放三十年重要文献选编》（上、下），中央文献出版社2008年版。

中共中央文献研究室编：《十八大以来重要文献选编》（上），中央文献出版社2014年版。

中共中央文献研究室编：《十八大以来重要文献选编》（中），中央文献出版社2016年版。

中共中央文献研究室编：《十八大以来重要文献选编》（下），中央文献出版社2018年版。

中共中央宣传部编：《习近平新时代中国特色社会主义思想三十讲》，学习出版社2018年版。

中共中央宣传部编：《习近平新时代中国特色社会主义思想学习纲要》，学习出版社、人民出版社 2019 年版。

中共中央党史和文献研究院、中央"不忘初心、牢记使命"主题教育领导小组办公室编：《习近平关于"不忘初心、牢记使命"重要论述选编》，党建读物出版社、中央文献出版社 2019 年版。

薄一波著：《若干重大决策与事件的回顾》（上、下），中共党史出版社 2008 年版。

彭德怀著：《彭德怀自述》，人民出版社 1981 年版。

杨尚昆著：《杨尚昆回忆录》，中央文献出版社 2007 年版。

杨尚昆著：《追忆领袖战友同志》，中央文献出版社 2001 年版。

杨尚昆著：《杨尚昆日记》（上、下），中央文献出版社 2001 年版。

李维汉著：《回忆与研究》（上、下），中共党史资料出版社 1986 年版。

伍修权著：《我的历程》，解放军出版社 1984 年版。

李雪峰著：《李雪峰回忆录》，中共党史出版社 1998 年版。

师哲著：《在历史巨人身边——师哲回忆录》，中央文献出版社 1991 年版。

张震著：《张震回忆录》（上、下），解放军出版社 2003 年版。

李岚清著：《突围——国门初开的岁月》，中央文献出版社 2008 年版。

陈锦华著：《国事忆述》，中共党史出版社 2005 年版。

杨天石主编：《亲历者记忆》（上、下），《百年潮》精品系列，上海辞书出版社 2005 年版。

于光远著：《我所亲历的那次历史转折——十一届三中全会的台前幕后》，中央编译出版社 1998 年版。

范硕著：《叶剑英在 1976》（修订本），中共中央党校出版社 1995年版。

张树军著：《中国历史大转折：十一届三中全会实录》，深圳报业集团出版社 2008 年版。

张湛彬著：《大转折的日日夜夜》，中国经济出版社 1998 年版。

张静如主编：《中国共产党全国代表大会史丛书》（1—16 册），万卷出版公司 2008 年版。

中国革命博物馆党史研究室编：《共和国重大历史事件述实》，人民出版社 1999 年版。

程美东主编：《透视当代中国重大突发事件》，中共党史出版社 2008年版。

李颖、程美东主编：《与毛泽东一起感受历史》（上、下），湖北人民出版社 2005 年版。

程美东主编：《与周恩来一起走过历史》，湖北人民出版社 2006年版。

李颖、程美东主编：《与邓小平一起亲历历史》，湖北人民出版社2005 年版。

张树军、史言主编：《中国共产党八十年重大事件实录》（上、下），湖南人民出版社 2001 年版。

张树军、齐生主编：《中国共产党八十年重大会议实录》（上、下），湖南人民出版社 2001 年版。

《求是》《新华月报》《中共党史研究》《党的文献》《百年潮》《中共党史资料》《人民日报》《光明日报》《解放军报》等报刊。

**图书在版编目(CIP)数据**

细节的力量:新中国的伟大实践/李颖著. 一上
海:学林出版社,2019.9
ISBN 978 - 7 - 5486 - 1573 - 6

Ⅰ. ①细… Ⅱ. ①李… Ⅲ. ①中国共产党-党史-通
俗读物 Ⅳ. ①D23 - 49

中国版本图书馆 CIP 数据核字(2019)第 202164 号


**责任编辑** 楼岚岚 许苏宜
**封面设计** 今亮后声

**细节的力量**
——新中国的伟大实践

李 颖 著

出 版 **学林出版社**
(200001 上海福建中路 193 号)
发 行 上海人民出版社发行中心
(200001 上海福建中路 193 号)
印 刷 上海中华印刷有限公司
开 本 720×1000 1/16
印 张 18.75
字 数 24 万
版 次 2019 年 9 月第 1 版
印 次 2019 年 9 月第 1 次印刷
ISBN 978 - 7 - 5486 - 1573 - 6/K·158
定 价 78.00 元